U0933879

珍藏本
纪念版

汉译世界学术名著丛书

善的研究

〔日〕西田几多郎 著

何倩 译

2017年·北京

西田幾多郎
善の研究
東京岩波書店刊行
1911 年初版　1941 年三版第 40 次印刷
据东京岩波书店 1941 年第 3 版译出

汉译世界学术名著丛书
（120 年纪念版 · 珍藏本）
出 版 说 明

2017 年 2 月 11 日，商务印书馆迎来 120 岁的生日。120 年前，商务印书馆前贤怀揣文化救国的理想，抱持“昌明教育，开启民智”的使命，立足本土，放眼寰宇，以出版为津梁，沟通中西，为中国、为世界提供最富智慧的思想文化成果。无论世事白云苍狗，潮流左右激荡，甚至战火硝烟弥漫，始终践行学术报国之志，无改初心。

迻译世界各国学术名著，即其一端。早在 20 世纪初年便出版《原富》《天演论》等影响至今的代表性著作，1950 年代后更致力于外国哲学和社会科学经典的译介，及至 1980 年代，辑为“汉译世界学术名著丛书”，汇涓为流，蔚为大观。丛书自 1981 年开始出版，历时三十余年，迄今已推出七百种，是我国现代出版史上规模最大、最为重要的学术翻译工程。

丛书所选之书，立场观点不囿于一派，学科领域不限于一门，皆为文明开启以来，各时代、各国家、各民族的思想与文化精粹，代表着人类已经到达过的精神境界。丛书系统译介世界学术经典，引领时代思想，为本土原创学术的发展提供丰富的文化滋养，为推动中国现代学术和现代化进程做出了突出的贡献。

为纪念商务印书馆成立120周年，我们整体推出“汉译世界学术名著丛书”120年纪念版的珍藏本，寄望既利于文化积累，又便于研读查考，同时向长期支持丛书出版的译者、编者和读者致以敬意。

两甲子后的今天，商务印书馆又站在了一个新的历史时间节点上。我们不仅要铭记先辈的身影和足迹，更须让我们的步伐充满新的时代精神。这是商务人代代相传的事业，更是与国家和民族的命运始终紧密相连的事业。我们责无旁贷，必须做好我们这代人的传承与创造，让我们的努力和成果不仅凝聚成民族文化的记忆，还能成为后来人可以接续的事业。唯此，才能不负前贤，无愧来者。

商务印书馆编辑部

2017年10月

目　录

第三编　善

第四编　宗教

新 版 序

本书已经重印多次，许多字迹不清，所以这次书店决定重新排印。这本书是把我的观点略加整理之后最初问世的著作，只是年轻时代的一些想法。我本想借此机会对书中的一些地方加以删改或补充，但思想总是时时刻刻变化的东西，事隔几十年，实已无从下笔。因此只好仍旧保持本书的原来面目。

从今天的观点来看，本书的立场是意识的立场，也可能被看做是心理主义的。纵然受到这种非难也是无可奈何的。不过就是在写这本书的时期，潜藏在我的思想深处的，我认为也不是仅仅这一点点。我的纯粹经验的立场，到了我写《自觉中的直观和反省》一书时，就通过费希特的“纯粹活动”的立场，发展成为绝对意志的立场；到了写《从动者到见者》一书的后半部时，又通过希腊哲学转变到“场所”的观点。到那个时候我才觉得获得了对我的思想进行逻辑化的开端。于是“场所”的观点，就具体化为“辩证法的一般者”，同时“辩证法的一般者”的立场就直接化为“行为的直观”的立场。在本书中所说的直接经验的世界或纯粹经验的世界，现在已经看做是历史实在的世界了。行为的直观世界、即想象的世界才是真正的纯粹经验的世界。

费希纳[①]自己说过:有一天早晨,他坐在莱比锡玫瑰谷的凳子上休息,在春天晴朗的阳光下眺望着鸟语花香、群蝶飞舞的牧场,心中一反过去那种无声无色的自然科学式的黑夜般的看法,而沉迷于当前现实的真实的白昼的思考。我不知受了什么影响,很早以前就抱有这样的想法,即认为实在必须就是现实原样,所谓物质世界也不过是从这种现实思考出来的。现在还可以回忆起我在高等学校学习时期,一边在金泽市的大街上走着路,一边像做梦似地沉湎于这种思考的情景。当时的思考可能就是构成这本书的基础。我在写这本书的时候,根本没有想到它能够在这样长的时间内为许多人所读,也没有想到我还能活得这么久和看到这本书再版。因此,面对这本书,不禁有命途曲折之感。

昭和十一年(1936年)十月

著 者

① 费希纳(G. T. Fechner,1801—1887),德国唯心主义哲学家,现代实验心理学创始人。——译者

再 版 序

本书自从出版以来，已经过了十年多的岁月，而写这本书比出版还要早好几年。来到京都以后，获得专心读书和思索的机会，使我的思想多少得到了一些洗练和充实。因此，对这本书逐渐感到有些不满意，最后甚至想使它绝版。但是，后来由于各方面要求出版，我也考虑到自己再要写出一本能像这样包括我的整个思想的新书，将在几年之后，所以决定使本书重新问世。在这次出版的时候，曾蒙务台、世良两位文学士为我担任字句的订正和校对之劳，不胜感激。

大正十年(1921 年)一月

西田几多郎

序

这本书是我在金泽第四高等学校教书的许多年里写的。起初，我本来想在这本书里特别就有关实在的部分详加论述，即行出版，但是由于疾病和种种事情的牵扯，终于未能达到目的。这样经过几年之后，自己的思想也有了若干的变化，使我感到难以完成自己的初衷，所以才决定将本书就以现在的面目先行问世。

这本书，我是先完成第二编和第三编，然后又加写两编，列为第一编和第四编。第一编阐述作为我的思想根底的纯粹经验的性质，初读的人可以省略。第二编叙述我的哲学思想，可以说是本书的重点。第三编本来打算以前一编的思想为基础，论述善的问题，但也无妨把它看做是独立的伦理学。第四编则就我一向当做哲学的终结来看的宗教问题，叙述了我的看法。这编是我在病中写的，难免有很多不完整的地方，但总算达到了我想要说的终点。我所以特别将本书命名为《善的研究》，是由于在本书里，尽管哲学上的研究占据了前半篇幅，但人生的问题毕竟还是本书的中心和终结。

我从很久以来，就持有把纯粹经验当做唯一的实在来说明一切的想法。起先虽然读了一下马赫等人的著作，但总是不能得到满足。后来，由于体会到不是有了个人才有经验，而是有了经验才有个人，而且经验比个人的区别更是根本性的，就从这种体会出发，摆脱了唯我论；并且由于认为经验是能动的，从而可以和费希特以后的超越哲学进行调和，所以才写成了本书的第二编，当然还是不完善的。

进行思索的人，也许会被墨菲斯特利斯[①]嘲笑为："有如在绿色的原野上吃枯草的动物。"但是，就像哲学家黑格尔所说的"命里注定罚我思考哲理"那样，人们一旦吃了伊甸乐园[②]的禁果，就不得不受这种折磨。

明治四十四年(1911年)一月

西田几多郎

于京都

① 歌德所作《浮士德》中的魔鬼。——译者

② 伊甸乐园(Eden)：基督教《圣经》中神为人类始祖亚当(Adam)及其妻夏娃(Eve)所设置的乐园。园中有分别善恶的树，神禁止亚当、夏娃吃树上的果实，所以叫做禁果。——译者

第 一 编

纯 粹 经 验

第一章　纯粹经验

所谓经验，就是照事实原样而感知的意思。也就是完全去掉自己的加工，按照事实来感知。一般所说的经验，实际上总夹杂着某种思想，因此所谓纯粹的，实指丝毫未加思虑辨别的、真正经验的本来状态而言。例如在看到一种颜色或听到一种声音的瞬息之间，不仅还没有考虑这是外物的作用或是自己在感觉它，而且还没有判断这个颜色或声音是什么之前的那种状态。因此，纯粹经验与直接经验是同一的。当人们直接地经验到自己的意识状态时，还没有主客之分，知识和它的对象是完全合一的。这是最纯的经验。当然，在普通情况下所谓“经验”一词的意义，并不明确，像冯特[①]就把基于经验推论出来的知识也名之为间接经验，称物理学、化学等为间接经验的学问。[②] 但是这些知识不能说是正确意义上的经验的。不仅如此，即使是意识现象，自己也不能经验他人的意识；即使是自己的意识，如果是对过去的想起或者是对现在的意识进行了判断，也已经不是纯粹的经验了。真正的纯粹经验是不具有任何意义的，而只是照事实原样的现在意识。

① 冯特(W. M. Wundt，1832—1920)，德国的唯心主义哲学家和心理学家。——译者

② 冯特：《心理学概论》(Grundriss der Psychologie)，序言，第1节。

那么，从上述的意义来说，究竟什么样的精神现象才是纯粹经验的事实呢？谁也不会否认，感觉和知觉属于纯粹经验。不过，我相信一切精神现象都是以这种状态出现的。即使以记忆来说，它既不是过去的意识的直接重现，因而也不是对于过去进行直觉。感觉到是过去的，这也是现在的感情。即使说是抽象的概念，也绝不是超经验的东西，仍然是一种现在意识。又如几何学家在想象一个三角的时候，把它当做一切三角的代表，这种概念的代表因素也不过是当前的一种感情而已。[①] 此外，如将所谓意识的边缘(Fringe)列入直接经验的事实中来看时，那么就连经验的事实之间的各种关系的意识，也都和感觉、知觉一样要列入直接经验的范围之内。[②] 如果是这样，那么情意的现象方面又怎样呢？愉快与否的感情当然是现在意识；就是在意志方面，尽管它的目的在于未来，我们却总是把它当作现在的欲望来感觉的。

那么，这种对于我们有直接关系的，并且作为一切精神现象的原因的所谓纯粹经验是什么样的东西呢？以下就来把它的性质略加探讨。关于这一点首先就会发生这样一个问题：即纯粹经验究竟是单纯的还是复杂的呢？虽然说是直接的纯粹经验，如果从它是由过去的经验所构成的这一点来看，或者从往后可以把它分析成为单一的因素这一点来看，也许可以说是复杂的。但是不论纯粹经验如何复杂，在那个瞬息之间，却始终是一个单纯的事实。即

① 詹姆士：《心理学原理》(*The Principles of Psychology*)，第1卷，第7章(詹姆士〔W. James，1842—1910〕，美国心理学家和唯心主义哲学家，现代资产阶级哲学中的反动的主观唯心主义思潮实用主义的创始人之一。——译者)。

② 詹姆士：《纯粹经验的世界》(*A World of Pure Experience*)。

使是过去的意识的再现，当它被统一于现在的意识中，并成为它的一个因素而得到新的意义时，就已经不能说它与过去的意识是同一的了。[①] 与此相同，在分析现在的意识时，被分析的东西，就已经和现在的意识不是同一的了。从纯粹经验上来看，一切都是种别不同的，在每个场合都是单纯的和独创性的。其次，这种纯粹经验的综合的范围怎样？纯粹经验的现在，并不是认为当我们思考现在时就已经不是现在的那种思想上的现在。作为意识上的事实的现在必须有某些时间的持续，[②]即意识的焦点始终成为现在的。因此，纯粹经验的范围自然和注意的范围趋于一致。不过，我认为这个范围不一定限于单一的注意情况下。我们能够丝毫不掺杂任何思想，把注意力转向主客未分的状态。例如爬山者拼命攀登悬崖时和音乐家演奏熟练的乐曲时，都可以说完全是知觉的连续(perceptual train)[③]。又如动物的本能动作也一定会带有这样的精神状态。在这些精神现象上，知觉保持着严密的统一和联系，即使意识由一转而为他，而注意却始终朝向同一事物，前一个作用自动引起后者，其间没有插入思维的一点空隙。这与瞬息之间的知觉比较，虽然注意有所转移，时间又有长短之别，但从直接而主客合一这点来说，就没有丝毫差别。特别是所谓瞬间知觉，如果认为实际上是由复杂的经验结合而形成的话，那么上述两者的区别就不是性质的差异，而应该说仅仅是程度的差异。纯粹经验不一定

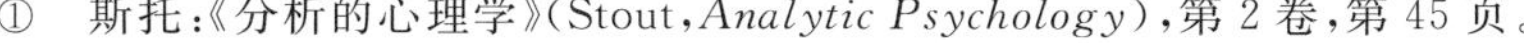

① 斯托：《分析的心理学》(Stout, *Analytic Psychology*)，第 2 卷，第 45 页。

② 詹姆士：《心理学原理》，第 1 卷，第 15 章。

③ 斯托：《心理学手册》(*Manual of Psychology*)，第 252 页。

限于单一的感觉。心理学家所说的那种严密意义上的单一感觉，是作为学术分析的结果而假想出来的东西，并不是事实上直接的具体的经验。

纯粹经验之所以是直接而纯粹的，并不在于它是单一的，不能加以分析的或瞬息之间的，反之而是在于它是具体的意识的严密统一。意识绝不是像心理学家所说的那样，是由单一的精神因素结合而成的，而是本来就构成一个体系的。比如初生的婴儿那样的意识，恐怕是连明暗也不能分辨的混沌的统一。多种多样的意识状态就从这里面分化发展出来。但是无论怎样精细地分化，也不会失掉它的根本体系的状态。我们的直接的具体的意识始终是以这种状态出现的。即如瞬息之间的知觉也绝不能违反这种状态。例如在我们认为一看就知道事物全体的场合，如果仔细研究，也是随着眼的运动，注意也自行转移，终于感知其全体。由此可见，意识本来就是整个体系的发展；因为这种统一是严密的，在意识自行发展之间，我们并不失去纯粹经验的立足点。关于这一点，在知觉的经验和表象的经验方面都是相同的。当表象体系自行发展的时候，整个体系即成为纯粹经验。像歌德在梦中直觉地做出诗来，就是一例。或许有人认为，在知觉的经验方面，因为注意力受外物支配，似乎不能说是意识的统一。但是，在知觉的活动背后，也还是必须有某种无意识的统一力在活动着。而注意就是由它所引导的。反之，表象的经验不论怎样被统一着，一定还是属于主观的活动，看来似乎不能说它是纯粹的经验。但是即使是表象的经验，当它的统一是必然的和自行结合的时候，我们必须把它看做是纯粹的经验。例如做梦，在没有外界的东西破坏它的统一时，

是完全与知觉的经验相混同的。经验本来没有内外之分，使它成为纯粹的在于它的统一，而不在于种类之别。表象，在它与感觉严密结合着的时候，就是一个经验。只是在它脱离了现在的统一而与别的意识发生关系的时候，就已经不是现在的经验，而成为所谓意义了。另外在只是表象的时候，就像做梦的情况，是完全与知觉相混同的。感觉之所以始终被认为是经验，恐怕是因为它始终成为注意的焦点和统一的中心的缘故。

现在我还想对意识统一的意义作较详细的规定，并阐明纯粹经验的性质。所谓意识的体系，就是指统一的某种事物，像一切有机物那样有秩序地进行分化发展，而实现其全体。就意识来说，它首先显示其一端，同时统一作用便作为倾向的感情随着而来。支配我们的注意的就是这种作用。在统一是严密的或者不受外界阻碍的时候，这种作用是无意识的；但在其他相反的情况下时，则另外成为表象而出现在意识上，立即脱离纯粹经验的状态。也就是说在统一作用活动着的时候，全体是现实，是纯粹经验。而意识都是冲动性的，如果像唯意志论那样可以把意志认为是意识的根本形式的话，那么意识发展的形式就是广义的意志发展的形式，其统一的倾向就应该说是意志的目的。所谓纯粹经验，是在意志的要求与实现之间没有一点空隙的，是最自由而活泼的状态。当然，如果从选择的意志来看，这种受冲动的意志支配的状态，反而会是意志的束缚；可是，选择的意志已经是意志丧失了自由的状态，所以当它经受到训练以后，便又成为冲动的了。意志的本质并不在于对未来抱有欲望的状态，而在于目前的现在的活动。伴随着意志的动作本来不是意志的因素。从纯心理的观点来看，意志是内在

的意识的统觉作用。并且离开这个统一作用就没有另外成为意志的特殊现象，这个统一作用的顶点就是意志。思维也和意志一样，是一种统觉作用，但它的统一只是主观的。而意志则是主客的统一，意志之所以始终是现在的，也是这个缘故。[①] 纯粹经验被认为是事实的直觉本身，是没有意义的。这样说来，所谓纯粹经验或许就会被认为是混沌无别的状态似的。但所谓各种的意义或判断等是从经验本身的差别而发生的，因此后者不是由于前者赋予的，而经验本身必须是具有差别形相的东西。如在看到一种颜色，并判定它是蓝色时，原有色觉并不是因而分明起来，只是最后把它和过去相同的感觉结合起来而已。又如，我现在把作为视觉出现的一个经验肯定为桌子，并对它下种种判断，这并不能因此使这个经验本身的内容增加任何东西。总之，所谓经验的意义或判断，不过是表示与其他东西的关系，而不是丰富经验本身的内容。出现于意义或判断之中的东西，是从原经验抽象出来的一部分，其内容反而比原经验更加贫乏。当然，想起了原经验的时候，固然也有以前没有意识到的东西后来才被意识到的情况，但这只是注意到了以前没有注意到的部分，并不是通过意义和判断而增加了从前未曾有过的东西。

如果认为纯粹经验本身是具有差别形相的东西，那么加在它身上的意义或判断又是什么东西呢？它和纯粹经验之间的关系又是怎样的呢？一般说来，在纯粹经验与客观的实在相结合的时候，

① 叔本华：《作为意志和表象的世界》(Schopenhauer, *Die Welt als Wille und Vorstellung*)，第 54 节(叔本华〔1788—1860〕，德国唯心主义哲学家。——译者)。

就产生意义和形成判断。但从纯粹经验论的观点来看，我们却不能超出纯粹经验的范围之外。意义或判断，其实就是把现在的意识和过去的意识结合起来而发生的。也就是由于使它统一于大的意识系统之中的一种统一作用而发生的。所谓意义或判断是表示现在意识与外物之间的关系，即不过是表现现在意识在意识系统之中的位置而已。例如我们发生一种听觉，判定听到的是钟声时，那只是在过去的经验中确定它的位置。因此，无论什么意识，在它处于严密的统一状态期间，始终是纯粹经验，即单纯是事实。反之，在这种统一被破坏时，也就是与其他发生关系时，便发生意义和判断。当纯粹经验直接呈现在我们的面前时，过去的意识立即开始活动，它与现在意识的一部分相结合，又和另一部分相冲突，纯粹经验的状态，就在这个时候遭到分解和破坏。所谓意义或判断，就是这种不统一的状态。但是，这种所谓统一和不统一，仔细想来，究竟只是程度上的差别，既没有完全统一的意识，也没有完全不统一的意识。一切意识都是体系的发展。即使是瞬间的知识，也含蓄着种种对立和变化；同样地在意义或判断那种关系的意识背后，也必然存在着能使这种关系成立的统一的意识。即如冯特所指出，一切判断都是由分析复杂的表象而发生的。[①] 并且，判断逐渐受到训练，其统一臻于严密时，便完全成为纯粹经验的形态，例如，学习技艺，开始是有意识的行为，熟练之后，就成为完全无意识的了。再进一步来看，纯粹经验及其意义或判断，表现了意识的两面，即只是对同一事物的看法的差异。意识一方面有统一

① 冯特：《逻辑》(*Logik*)，第 1 卷，第 3 部，第 1 章。

性，同时又必须具有分化发展的一方面。又如詹姆士在“意识之流”一文中所说明的那样，意识不是存在于它所显现的地方，而是含蓄地与其他东西结成关系。无论什么时候都可以把现在看作是大的体系的一部分。所谓分化发展，乃是更大的统一作用。

既然认为意义也是大的统一作用，那么在这种情况下，纯粹经验是不是超越了自己的范围呢？例如把记忆和过去联系起来，把意志和未来联系起来的时候，是不是就能够认为纯粹经验超越了现在的范围呢？心理学家说，意识不是物而是事，因此是时时刻刻更新着的，同一的意识不会再度发生。但是，我认为这种看法不是从纯粹经验论出发的，反而可能是从过去不复返、未来尚未到来这种时间性质推论出来的。如果从纯粹经验的观点来看，同一内容的意识始终总应该是同一的意识。例如有一个目的表象在思维或意志中连续进行活动时，我们必须把它看做是一个东西，同样，即使它的统一作用在时间上中断了，也必须认为它是一个东西。

第二章　思维

所谓思维，从心理学上来看，就是确定表象之间的关系，而使之统一的作用。它的最单纯的形式是判断，也就是确定两个表象的关系，而把它结合起来。但是，我们在判断上，并不是把两个独立的表象结合起来，而是对某一个完整的表象进行分析。例如，“马跑”这个判断，乃是通过对“跑着的马”这个表象进行分析而产生的。因此，在判断的背后，总是有纯粹经验的事实。主客两表象在判断上的结合，确实是由此而成为可能的。当然，这并不是说，无论什么时候都是完整的表象首先出现，然后由此开始进行分析。也还有这种情况：先有主词表象，由此在一定的方向上产生种种联想，经过选择以后决定其一的。但是就是在这种情况下，在即将作出决定的时候，包含主客两表象的完整的表象也必须首先显示出来。也就是说，这个表象起先含蓄地进行活动，在成为现实的时候才得到判断。可见在判断的根本上必须有纯粹经验，这不仅对事实的判断如此，就是在纯理性的判断那种情况下也是一样的。例如几何学上的公理也都是基于一种直觉。即使是抽象的概念，如果要对两件东西进行比较和判断，就必须在它的根本上有某种统一性的经验。所谓思维的必然性就是由此产生的。因此，如上所述，不仅是知觉，连关系的意识，如果也可以名之为“经验”的话，就可以说在纯理性的判断的根本上也有纯粹经验的事实。又以作为推理的结果而产生的判断来看，正如洛克[①]所说的，即使在论证的知识中也必须逐步具有直觉的证明那样，[②]成为连锁的各个判断的根本上总是必须有纯粹经验的事实。在综合种种方面的判断作结论的时候，即使没有统一全体的事实的直觉，也有对一切关系进行综合统一的逻辑的直觉在进行活动（所谓思维的三规律也是一种内在的直觉）。例如人们根据种种观察推测地球应该是转动着的，这也是通过基于某种直觉的逻辑法而下判断的。

思维和纯粹经验一向都被传统地认为是完全不同类的精神作用。但如果我们现在抛弃一切独断，而直接进行思考的话，就会认为，像詹姆士在以"纯粹经验的世界"为题的短文中所说的那样，如果把关系的意识也加入经验之中来考虑，那么思维的作用也可以说是纯粹经验的一种。知觉和作为思维要素的意象，如果从外表来看，可以区别为一个是基于外物引起的末梢神经的刺激，一个是基于大脑皮质的刺激。再从内部来看，我们通常也不会把知觉和意象混同起来。但是，从纯粹心理上来考虑，说是可以彻底严密地加以区别，那是很困难的。总之它们是由于强度的差异或其他种种关系的不同而产生的，并没有绝对的区别（在做梦或幻觉等情况下，我们往往把意象与知觉混同起来）。这种区别，不是在原始的意识中就有了的，而只是通过种种关系才发生的。并且，乍一看来，好像知觉是单一的过程，思维是复杂的过程；但知觉也未必是

① 洛克（J. Locke，1632—1704），英国资产阶级唯物主义哲学家。——译者

② 洛克：《人类理解论》（*Essay on the Human Understanding*），第4部，第2章，第7页。

单一的，它也是构成性的作用。所谓思维，从它的统一的方面来看，也是一种作用，又可以看作是某个统一体的发展。

由于人们对于把思维和知觉的经验视为同类的看法可能有种种异议，所以我想就这些问题略加探讨。一般认为，知觉的经验是被动的，它的作用都是无意识的；认为思维却与此相反，是能动的，它的作用都是有意识的。但是，像这样明显的区别在什么地方呢？就是以思维来说，在它自由地活动和发展时，也几乎是在无意识的注意之下进行的，只有在它的进行受到阻碍的场合下才成为有意识的。促使思维进行的，不是我们的随意作用，思维本身是在发展的。我们要在完全抛开自己而与思维的对象即问题打成一片的时候，更恰当地说，就是把自己消失在思维对象中的时候，才能看到思维的活动。思维有自己的规律，自主地进行活动，而不是顺从着我们的意志的。如果认为和对象打成一片，即认为把注意力放在对象上是有意识的，固然也可以，但在这一点上，我认为知觉也是同样的。我们对于想看的东西是可以自由地注视的。当然，拿思维来说，它的统一比知觉的统一更为广阔，由于它的转变可以认为是有意识的，所以虽然以前曾经把这点当作它的特征；但如严密地加以思考，就可以知道这个区别也是相对的。即使拿思维来说，从一个表象向另外一个表象转变的瞬息之间，也是无意识的；统一作用在现实地进行活动时，必须是无意识的。在意识到把这个作为对象的时候，它的作用就已经属于过去。可见思维的统一作用虽然完全是在意志之外，但在我们对某个问题进行思考时，有种种的方向，而它的取舍可以认为是自由的。不过，这种现象，在知觉的场合也不是没有的。就略为复杂的知觉来说，如何对事物注意这

点是自由的。例如，在看一幅画的时候，能够注意它的形状，也能够注意它的色彩。此外通常说，知觉是我们为外物所动，而思维是内心活动，但总的说来，内外的区别也不过是相对的。仅因作为思维的材料的意象是比较容易变动和自由的，所以才显得是这样。

其次，通常认为知觉是具体事实的意识；思维是抽象关系的意识，似乎两者是完全不同类的东西。但是，我们不能纯粹地意识抽象关系这种东西，思维的运行也是借着某种具体的意象进行的，没有意象，思维便不成立。例如，证明三角形各角之和等于二直角，也必须借助于某个特殊三角形的意象。思维不是离开了意象而独立的意识，而是伴随着意象的一个现象。戈尔①说，意象及其意义之间的关系与刺激及其反应之间的关系是相同的②。思维是意识对意象的反应，而意象又是思维的开端，思维与意象不是不同的东西。无论什么意象都绝不是独立的，必然表现在同整个意识的某种关系上，并且这方面是属于思维上的关系的意识；我们所认为的纯粹思维，也不过是这方面的显著的东西而已。基于我们对意象和思维的关系的上述看法，是不是说在知觉方面就没有这种思维呢？不，绝不是这样。像一切的意识现象那样，知觉也是一种体系的作用。而且它的反应更为显著，表现成为意志，成为动作。但是，意象却只局限于作为思维的内在关系。因此，事实上的意识虽有知觉与意象的区别，但是并没有具体和抽象的划分，而思维是意象间的事实的意识。并且，知觉与意象的差异，也如前所述，从严

① 戈尔(Gore，1853—1932)，英国的宗教家。——译者

② 杜威：《逻辑理论研究》(Dewey，*Studies in Logical Theory*)。

密的纯粹经验的观点来看，是始终不能加以区别的。

以上根据心理学论述了思维也是纯粹经验的一种，但是思维不仅是个人的意识上的事实，而且具有客观的意义。思维的特点在于表现真理。在自己直觉自己的意识现象这种纯粹经验的场合，虽然没有真伪，但在思维上也可以说是有真伪之别的。我们为了把这些问题搞清楚，实有必要详细论述一下所谓客观、实在、真理等的意义，但如极其批判性地加以思考时，则可以认为在纯粹经验的事实之外没有实在，它们的性质也可以从心理上予以说明。如上所述，所谓意识的意义，是从它和别的事物的关系中产生出来的，换句话说，就是由意识所进入的体系决定的。即使是同一的意识，也会由于它进入的体系的不同而产生种种不同的意义。例如，以作为意义意识的某种意象而言，在把它看成与别的事物无关，只是一个意象的时候，它便是一个没有任何意义的单纯的纯粹经验的事实。反之，对于作为事实意识的某种知觉，如果从它在意识体系上与别的事物有关这点来看，它却是具有意义的；只是在许多场合，它的意义是无意识的。那么怎样来辨别思想的真伪呢？我们始终相信，意识体系中最有力的，即最大最深的体系是客观的实在，与此相符合的便是真理，与此相矛盾的便是伪的。如果从这种观点出发，知觉也可以说有正确的和错误的。即从某个体系来看，恰好合乎它的目的时，便是正确的；与此相反的时候就是错误的。当然在这些体系之中也有种种不同的意义，所以还是可以作出这样的区别：即知觉背后的体系大都是实践性的，而思维的体系是纯知识性的。不过我认为，正像知识的最终目的是实践性的一样，可以说在意志的根基里是潜藏着理性的。关于这个问题，我想以后

在“意志”章中再加以论述，但这种体系的区别也不能说是绝对的。并且即使是相同的知识作用，虽然联想或记忆只是个人意识内的关系的统一，而只有思维才可以说是超个人的和一般性的。但是这种区别，也是由于把我们的经验的范围勉强地限于个人才产生，没有考虑到在纯粹经验之前，反而没有个人这点（意志是意识统一的小的要求，而理性是它的深远的要求）。

到这里为止，我已经对思维与纯粹经验做了比较，并且作了论述，虽然通常认为两者完全是不同类的，但如果进一步来思考，便能发现其一致之点。现在我想来谈谈思维的起源及其归结，以便进一步阐明上述二者的关系。我们的意识的原始状态或发展了的意识的直接状态，始终是纯粹经验的状态，这将是谁都承认的。反省思维的作用是其次由此产生的。那么为什么会产生这种作用呢？如前所述，意识本来是一个体系，自行发展完成是它的自然状态，并且在它的发展过程中，发生种种体系的矛盾冲突，而反省的思维就在这种场合下出现。但是，从一方面来看诚然是这样矛盾冲突着的状态，如果从另一方面来看，却又是更大体系的发展的开端。换句话说，也可以说是大的统一的未完成的状态。如就行为或知识来说，在我们的经验复杂化，并出现种种联想，而其自然的进程又受到阻碍时，就发生反省。在这个矛盾冲突的里面暗中意味着统一的可能，因而在决意或解决的时候，就已经成立大的统一的端绪。但是，我们绝不会只停留在决意或解决这种内在统一的状态的。决意一定要带来实践，思想也必然具有某种实践的意义。也就是说，思想必须显示在实践上，即必须到达纯粹经验的统一。因此，纯粹经验的事实既是我们的思想之始，又是我们的思想之

终。总之，思维不过是大的意识体系的发展实现的过程。如果在大的意识统一上来看，所谓思维，也不过是大的一个直觉之上的波涛而已。例如在我们就某种目的进行深思熟虑的时候，成为目的的统一意识就始终在它的背后当做直觉的事实进行着活动。因此，思维也并不另外具有和纯粹经验不同的内容和形式，只是它深而且大，但处于未完成的状态。从另一方面来看，所谓真正的纯粹经验，不只是被动的，相反却具有构成性的和一般性的方面，也可以说是包含着思维的。

纯粹经验与思维本来是同一事实的不同看法的产物。如果像黑格尔所竭力主张的，思维的本质不在于它是抽象性的，而在于它是具体性的，那就和我在上面所说的那种纯粹经验几乎成为同一的，也可以说纯粹经验就是思维。从具体的思维来看，所谓概念的一般性，不是像通常所谓把类似的性质抽象化了的东西，而是具体事实的统一力。黑格尔也说，一般是具体的东西的灵魂。[①] 并且由于我们的纯粹经验是体系的发展，所以在它的根基上活动着的统一力，必须立即是概念的一般性本身。经验的发展立即成为思维的进行，即纯粹经验的事实就是所谓一般性东西的自我实现。即使就感觉或联想来说，在它们的背后也有潜在的统一作用在进行着活动。反之，就思维来说，在统一进行活动的瞬间，如上所述，统一本身是无意识的。只有在统一被抽象化和被对象化了的时候，才成为别的意识而出现。但是在这个时候就已经丧失了统一的作用。所谓纯粹经验，如果意味着单一的或被动性的，就也可能

① 黑格尔：《大逻辑》(Hegel, *Wissenschaft der Logik*)，第3卷，第37页。

与思维相反;但所谓经验,如果是据实感知的意思的话,那么所谓单一的或被动性的反而不能说是纯粹经验的状态。真正直接的状态,是构成性的和能动性的。

我们通常认为,通过思维感知一般性的东西;通过经验感知个别性的东西。但是,没有离开个别的一般性的东西的,真正一般性的东西,是在个别的实现背后的潜能,又是存在于个别之中并使个别发展的一种力量,像植物的种子就是一个例子。如果是同从个别抽象出来的其他特殊相对立的东西,那就不是真正的一般,而仍然是特殊。在这种情况下,一般并不处于特殊之上,而是和它并列的。如就有色的三角形来说,从三角形来看,颜色将是特殊;但从颜色来看,则三角是特殊。这种抽象而无力的一般,是不能成为推理和综合的基础的。因此在思维的活动方面,作为统一的基础的真的一般,必须是把个别的现实和它的内容等同起来的潜能。只有由于它有时含蓄,有时显露,才发生差异。所谓个别,就是被局限的一般性的东西。如果是这样来看个别与一般的关系,那么在逻辑上,思维与经验的差别也就消失了。我们所说的现在的个别经验,实际上可以看做是在发展途中的东西,也就是还具有能被精细地局限的潜能。例如我们的感觉恐怕也还会有分化发展的余地的。从这一点来看,也还可以看做一般性的。反之,虽然是一般性的东西,如果只在一个特定的场合下来看它的发展的话,也就可以说是个别性的。通常只把受空间、时间局限的东西,称为个别性的。但是,这种局限只是外在的,所谓真正的个别,它的内容必须是个别的,即必须是具有唯一这种特点的。一般性的东西,发展到了顶点,就是个别。从这个意义来看,通常所谓感觉或知觉是内容

极为贫乏的一般性的东西，也许含意深远的画家的直觉倒真正可以说是个别性的。凡是把在空间、时间上受到局限的单纯的物质看做是个别的，这种观点在根基上可能带有唯物主义的独断。如从纯粹经验的观点来看，就必须从内容方面来对经验进行比较。所谓时间也只是基于这种内容而对它进行统一的一种形式而已。此外感觉的印象的强烈明显以及与情意具有密切关系等也将是促使把它视为个别性的一个原因，但所谓思想也绝不是与情意无关的。强烈挑起情意的东西之所以特别被认为是个别性的，我认为这是由于与知识相较，情意才是我们的目的本身，并接近发展的顶点之故。

总之，我认为思维与经验是同一的，在它们之间虽能看到相对的差异，但并没有绝对的区别。不过，我并不因此断言思维是个人的和主观性的；如上所述，纯粹经验是能够超越于个人之上的。这种说法似乎听来很奇怪，但经验是能够感知时间、空间和个人的，所以存在于时间、空间和个人之上，不是有了个人才有经验，而是有了经验才有个人。所谓个人的经验只是在经验之中被局限的某种经验的一个特殊小范围而已。

第三章　意志

我现在想从纯粹经验的立场来讨论意志的性质，并阐明知与意的关系。在很多场合，意志以动作为目的，并且带有动作。意志是精神现象，与外界的动作自然是有区别的。动作不一定是意志的重要条件，即使因为某种外界情况而没有发生动作，但意志仍然是意志。正像心理学家所说的那样，在我们有想要运动的意志时，只要重温过去的记忆就够了，也就是只要把注意力转向这方面就可以了，运动自然就会伴随着它。并且如果从纯粹经验来看，这种运动本身也不过是运动感觉的连续。一切意志的目的，如果直接加以观察时，也仍然是意识以内的事实；我们经常以自己的状态为意志，而意志是没有内面和外面的区别的。

一提起意志，就好像有某种特殊的力量似的，其实它不过是由一个意象转向另一个意象的转移的经验，以做某事为意志，实际上就是把注意力转向这方面。这种情况在所谓无意的行为中最能看得清楚，即使在上述知觉的连续那种场合，注意的转移与意志的进行也是完全一致的。当然注意的状态并不限于意志的场合，它的范围似乎更广泛些，但通常所谓意志是指对于运动表象这一体系的注意状态，换句话说，就是指这个体系占据了意识，而我们与它打成一片的场合而言的。或许有人认为只注意一个表象和把它当做意志的目的来看，这两件事似乎是不同的，其实那只是表象所隶属的体系的差异。一切的意识都是体系性的，表象也绝不会孤立地发生，而一定是属于某种体系的。同一表象，根据它所属的体系，既能成为知识的对象，也能成为意志的目的。试以想起一杯水为例，在仅仅联想到外界事物的时候，是知识的对象；但在联想到自己的运动的时候，就成为意志的目的。歌德说，"美哉，非我所欲的天上的星辰"，这句话可以说明，任何不进入自己运动的表象系统中的事物，都不能成为意志的目的。我们的欲望都是由于过去经验的忆起而成立的，这是很明显的事实。至于作为它的特征的强烈的感情与紧张的感觉，前者是基于运动表象的体系对我们是最强烈的生活本能而发生的，后者只是伴随运动的肌肉感觉而来的。仅仅想起某种运动，似乎还不能立即说是有了进行这种运动的意志，那是因为运动表象还没有占据整个意识的缘故，如果真正与它打成一片，就立即成为意志的断然行动了。

那么，运动表象的体系与知识表象的体系有什么差别呢？如果追溯到意识发展的开始来看，是没有这种区别的。我们的有机体本来是为了进行以保存生命为目的的种种运动而生成的。意识就是为符合这种本能的动作而发生的，因此，它的原始状态与其说是知觉的，毋宁说是冲动的。但是，随着经验的积累，逐渐产生种种联想，终于产生了以知觉中枢为基本的和以运动中枢为基本的两种体系。不过不管怎样分化为两种体系，总不能成为完全不同的东西。即使是纯知识，也要在某些地方具有实践的意义；即使是纯意志，也一定是根据某种知识的。具体的精神现象一定具有这两方面。知识与意志不过是把同一现象按照显著的方面而区别开来的而已。也就是说知觉是一种冲动的意志，意志是一种忆起。

并且，即使是记忆表象的纯知识性的东西，也一定带有或多或少的实践意义。反之，即使被认为是偶然发生的意志，也总是基于某种刺激而发生的。而且，虽然说意志大多是作为内在的目的进行的，但知觉也能够预先确定目的而使感觉器官朝向它。特别是思维，可以说完全是有意识的；反之，冲动的意志之类就完全是被动的了。这样看来，运动表象与知识表象就不是完全不同的东西；意志与知识的区别也只能说是相对的。苦乐之情、紧张之感等意志的特征，虽然程度较弱，但一定附随着知的作用。如果主观地来看知识，也可以看做是内在的潜能的发展，又如上所述，无论是意志或知识，都可以看做是潜在的某种东西的体系的发展。当然，如果把主观与客观分开来看的话，也许会得出这样的区别：在知识方面，是使主观服从于客观；但在意志方面，则是使客观服从于主观。要想详细讨论这点，也许有明确主客的性质及其关系的必要，但我认为在这一点上，知与意之间也将有共同之点。在知识作用方面，我们总是先设一个假定，再把它同事实对照观察。无论什么样的经验性的研究，必须先有假定。当这个假定与所谓客观一致的时候，便相信它是真理，也就是认识了真理。在意志动作方面，即使我有一个欲望，也不是立即成为意志的断然行动，而是参照客观的事实，知道是适当的和可能做的时候，才转移到实行。在前一场合，我们完全是使主观服从于客观，但在后一场合，是否可以说是使客观服从主观呢？欲望只有很好地符合客观才能实现，意志离开客观越远越无效，越接近就越有效。如果我们打算实行远离现实的崇高目的，就必须考虑种种手段，并运用这些手段来一步一步地进行。而这样考虑手段，就是谋求和客观相调和，也就是服从客观。

如果终于想不出手段来，那就只好变更目的本身了。反之，在目的和现实极为接近的时候，像饮食起居这些习惯行为等，欲望便立即成为实行。在这种情况下，活动不是来自主观，反而可以看作是来自客观。

由此可见，在意志方面，不能说是客观完全服从主观；同样在知识方面，也不能说是使主观服从客观。当自己的思想成为客观的真理的时候，即认识它是实在的规律，实在是根据这个规律活动的时候，是否不可以说我的理想得到了实现呢？思维也是一种统觉作用，是基于知识要求的内在的意志。我们能够达到思维的目的，不就是一种意志的实现吗？两者不同的地方仅仅在于：一个是按照自己的理想来改变客观的事实，另一个是按照客观的事实来改变自己的理想。即可以说一个是造作，另一个是发现。真理不是我们所能造作的，反之是应该服从真理来进行思维的。但是，我们称之为真理的，果真是完全离开主观而存在的东西吗？从纯粹经验的立场来看，就没有离开主观的客观。所谓真理就是把我们所经验的事实统一起来的东西；最有力的和概括性的表象的体系就是客观的真理。所谓认识真理或服从真理，就是指对自己的经验进行统一。也就是从小的统一进展到大的统一。如果我们的真正自我就是这种统一作用本身的话，那么所谓认识真理，就是服从大的自我，也就是大的自我的实现（像黑格尔所说的，一切学问的目的是在于精神在天地间的万物中认识自我本身）。随着知识愈趋深远，自己的活动范围也就逐渐扩大，于是，原来不是自我的东西也逐渐进入自我的体系之中。因为我们经常以个人的要求为中心来进行思考，所以在知识方面感觉到似乎是被动的，但如改变这

种意识的中心，把它放在所谓理性的要求上，我们在知识方面便成为能动的。亦即像斯宾诺莎[①]所说的，知识就是力量。我们一直相信，由于过去的运动表象的唤起能够使人们自由地活动身体。但是我们的身体也是物体，从这一点来看，与其他的物体没有什么不同。用视觉来认识外界事物的变化和用肌肉感觉来感觉自己的身体的运动也都是相同的。如果说是外界，则两者都是外界。那么，人们为什么会认为自己的身体与他物不同，只有它才可以由自己自由支配呢？我们通常一说到运动表象，便认为它一方面是我们的意象，另方面又是引起外界运动的原因；但从纯粹经验的立场来看，所谓由运动表象引起身体的运动，也不过是说某种预期的运动表象立即带有运动感觉而已。在这一点上，它与一切预期的外界变化的实现是相同的。我想在原始意识的状态方面，实际上自己的身体的运动与外物的运动是相同的，只是随着经验的进展，两者发生了分化。即在种种条件限制下发生的东西被看做是外界的变化，而紧随着预期表象的东西被认为是自我的运动。但是因为这种区别本来不是绝对的，所以即使是自我的运动，略为复杂的东西便不能立即随着预期的表象。在这种场合，意志的作用就显著地接近于知识的作用。总之，所谓外界的变化实际上也是我们的意识领域，即纯粹经验内的变化；并且如果认为条件限制的有无，也只是程度上的差别的话，那么知识的实现与意志的实现，毕竟将成为同一性质的东西。或许有人说，在意志的运动方面，预期表象

① 斯宾诺莎（B. Spinoza，1632—1677），荷兰哲学家，唯物主义者和无神论者。——译者

不是仅仅先于意志的运动，而是它本身立即成为运动的原因，但在外界的变化方面，知识性的预期表象本身或许并不成为变化的原因。可是所谓因果本来是意识现象的不变的连续，假如说有离开意识而完全独立的外界事物的话，那么在意志方面，也不能说意识性的预期表象就是外界中的运动的原因，而只能说两个现象是平行的。这样看来，意志的预期表象同运动的关系和知识的预期表象同外界的关系成为同一的了。实际上意志的预期表象与身体的运动未必总是相伴随的，还是要在某种条件下才是相伴随的。

另外，我们通常说意志是自由的。但是所谓自由是指着什么说的呢？我们的欲望本来是被赋予我们的，并不能自由地产生。只有在随着某种被赋予的最深的动机进行活动的时候，自己才感到是能动的和自由的。反之，在从事违反这种动机的活动时，就会感到受强迫。这就是自由的真正意义。并且，在这种意义上的自由，只是同意识的体系的发展意义相同，而在知识方面，在同一的情况下也可以说是自由。我们认为对任何事物似乎都能够自由地抱有欲望，但这只能说是可能而已。实际的欲望是当时被赋予的，或许在某一个动机发展的时候，能够预知次一欲望，否则就不能预知自己在次一瞬间会有什么欲望。总之，与其说我产生欲望，不如说现实的动机就是我。通常说在欲望之外有超然的自我存在，可以自由地决定动机，但这样的神秘力量当然是没有的；如果存在这种超然的自我的决定的话，那就是偶然的决定，而不能认为是自由的决定。

如上所述，在意志与知识之间没有绝对的区别，所谓区别大多只是外界所赋予的独断。作为纯粹经验的事实来说，并没有意志

与知识的区别，而都是某种一般性的东西有体系地实现自己的过程，它的统一的顶点就是真理，同时又是实践。在曾经说过的知觉的连续那样的场合，知与意尚未分开，真正是知即行。只是随着意识的发展，一方面由于种种体系的矛盾；另一方面由于向更大的统一前进，才发生了理想与事实的区别和主观界与客观界的划分，因而就产生了这种想法：由主观走向客观的是意，由客观走向主观的是知。知与意的区别，是在主观与客观分离，并丧失了纯粹经验的统一状态时发生的。意志方面的欲望和知识方面的思想都是理想离开了事实的不统一的状态。所谓思想也是我们对于客观事实的一种要求；而所谓真理，将是符合事实的、能够实现的思想。从这一点看来，可以说它是和符合事实的、能够实现的欲望相同的。它们的差别只是：前者是一般性的，而后者是个人的。因此所谓意志的实现或真理的极点，就是从这个不统一的状态到达纯粹经验的统一状态的意思。这样来认识意志的实现，是很明白的，但如也这样来认识真理，恐怕将需要多少加以说明。关于什么是真理的问题，一定会有种种不同的意见，我认为最接近具体经验的事实的是真理。往往有人说真理是一般性的，如果这只意味着抽象的共同，那就反而是离开真理的东西了。真理的极点必须是综合种种方面的最具体的直接的事实本身。这个事实是一切真理的根本，所谓真理，就是由它抽象出来和构成起来的。说真理在于统一，但这个统一不是指抽象概念的统一而言的；真正的统一在于这个直接的事实。完全的真理是个人的、是现实的。因此，完全的真理不是用语言所能表达的，如所谓科学的真理不能说是完全的真理。

一切真理的标准不是在外部，而是在于我们的纯粹经验的状态，所谓认识真理就是与这个状态相一致。像数学那些抽象的学问，构成它的基础的原理也在于我们的直觉或直接经验。经验有种种不同的阶段，如前所述，若将关系的意识也放到经验之中来看时，那么像数学的直觉这种东西也是一种经验。如果有这样种种的直接经验，那么将会发生根据什么来确定真伪的疑问，但这在两个经验被包含在第三个经验中的时候，就可根据这个经验来确定。总之，在直接经验的状态下，真理的确信，就存在于主客相消失、天地间唯一的现实和将欲疑而不能疑的地方。另一方面，所谓意志的活动也只是指这种直接经验的出现，即意识统一的成立而言。一个欲望的出现，和表象的出现一样，只是直接经验的事实。在种种欲望进行斗争后，作出一个决断，就和在进行种种思虑后作出一个判断一样，是一个内在统一的成立。当我们说意志在外界实现的时候，就和在研究学问时自己的想法被实验证明了的场合一样，是打破主客之别的最统一的直接经验的出现。有人说意识内部的统一是自由的，而与外界的统一就必须服从自然。但是内部的统一也不是自由的，统一都是赋予我们的东西，从纯粹经验来看，内外等区别也是相对的。所谓意志的活动不仅仅是一种希望的状态。希望是意识的不统一状态，而且是意志的实现受到妨碍的场合。唯有意识统一才是意志活动的状态。即令现实与自己的真实的希望相反，但在自己满足于现实并与现实纯化而为一的时候，现实便是意志的实现。反之，无论处于怎样完备的境况下，如果另有各种希望而现实呈现不统一的状态时，就是意志受到了阻碍。意志的活动与否和纯化而为一与否，即统一与不统一是有关的。

例如这里有一支钢笔，在看到它的瞬息之间，既没有知，也没

有意，而只是一个现实。等到对这支钢笔发生种种联想，意识的中心开始移动，前面的意识被视为对象时，前面的意识便成为单纯的知识性的。反之，便会发生这支钢笔能写字等类的联想。在这个联想仍作为前面的意识的边缘而附属于它的时候，就是知识；但在这个联想的意识本身趋向于独立的时候，即意识中心刚要向它转移的时候，便成为欲望的状态。并且，在这个联想的意识即将成为独立的现实时，就是意志，同时也可以说是达到了真正的认识。凡是现实中的意识体系的发展状态都叫做意志的作用。在思维的场合，把注意集中于某个问题上谋求解决时也就是意志。反之，像喝茶、饮酒这样的事，只要有这个现实，就是意志；如果产生尝尝味道的意识，而且这成为中心的话，便成为知识；而尝尝味道这种意识本身，在这种场合就是意志。所谓意志，比起通常所谓知识是更带有根本性的意识体系，又成为统一的中心。因此我认为，知与意的区别不在于意识的内容，而是根据其体系内的地位来决定的。

乍一看来，理性与欲望似乎是相矛盾的，实际上两者具有同一的性质，不过有大小深浅的差别而已。我们说理性的要求，就是指更大的统一的要求，也就是超越个人的一般的意识体系的要求，也可以看做是大的超个人的意志的表现。意识的范围绝不限于所谓个人，个人不过是意识中的一个小体系。我们通常作为中心的是以肉体生存为核心的小体系，但如以更大的意识体系为枢轴来进行思考，那么这个大的体系就是自己，它的发展就是自己的意志的实现。例如热心的宗教家、学者或美术家等就是这样的。所谓“必须这样”这种理性的规律和仅仅是“我希望这样”这种意志的倾向似乎是完全不同的，但如深加思考，就可以认为它们的根基是相同的。在一切的理性或规律这种东西的根本上都有意志的统一作用在进行活动，正如席勒[①]等所论述的，公理（axiom）这个东西本来也是从实用上发展起来的，其发生方法和我们的单纯的希望是相同的[②]。反过来看我们的意志的倾向似乎是无规律的，但它本身却受着必然规律的支配（这就是个人意识的统一）。这两者都是意识体系的发展规律，只是它的效力范围不同而已。又或有人认为意志是盲目的，因而与理性有区别；但无论怎样，与我们直接有关的事实是不能说明的，即使是理性，作为它的根本的直觉的原理也是不能说明的。所谓说明，是指的在一个体系中能包容其他而言。作为统一的枢轴的东西是不能说明的，总之，这种场合是盲目的。

① 席勒（Schiller，1864—1937），英国实用主义哲学家。——译者

② 斯特尔特：《人格唯心主义》（Sturt，*Personal Idealism*），第 92 页。

第四章　知的直观

我在这里所说的“知的直观”(intellektuelle Anschauung)是指所谓理想的,即通常所说的经验以上的那种直觉,也就是对可以辩证地加以认识的东西的直觉。例如美术家和宗教家等所具有的那种直觉。在直觉这一点上,它与普通的知觉是相同的,但在内容上,却比普通知觉要丰富深远得多。

所谓知的直观,有人认为似乎是一种特别神秘的能力,还有人认为似乎完全是经验事实以外的空想。但是我相信它与普通的知觉属于同一种类,在它们中间不能划出明显的界线。即使普通的知觉,如上所述,也绝不是单纯的,而一定是构成性的,其中包含着理想的因素。我现在正在看着的事物,并不是看着它现在的样子,而是借助于过去的经验的力量,有说明性地看着。这种理想的因素不是单纯来自外界的联想,而是构成知觉本身的因素,知觉本身就是通过它而起变化的。潜藏在这个直觉的根基里的理想的因素可以无限地变得丰富、深远。并且根据各人的天赋,即使是同一个人,按其经验的进步而有所不同。凡是起初没有能够经验的事,或是辩证地才能够认识出来的事,也会随着经验的进展作为直觉的事实显现出来。这个范围是不能以自己现在的经验为标准而加以限制的，不能因为自己不能为而说别人也不能为。据说莫扎特[①]在制作乐谱的时候，即使对于长的乐谱，也能够像看画和看雕像那样直视它的全部。这不是单纯数量上的扩大，而是在性质上臻于深远，例如，宗教家的直觉，即通过我们的爱而能得到彼我合一的直觉，将是达到了直觉的顶点的。某人的超凡的直觉是否只是空想，或者将是真正的实在的直觉，是根据它与外界的关系，即根据其效果如何而决定的。从直接经验来看，无论是空想或真正的直觉，都具有同一性质，只是在它的统一的范围上，才有大小的差别。

有人认为知的直观在超越时间、空间、个人，对实在的真相进行直视这一点上，和普通的知觉是不同种类的。但是，如前所述，从严密的纯粹经验的立场来看，经验是不受时间、空间、个人等形式限制的，这些差别相反是由于那种超越这些东西的直觉而成立的。并且虽然说是对实在进行直视，但是一切直接经验的状态并没有主客之别，而是与实在面面相对的，同时也不只是限于知的直观的场合。谢林[②]所说的“同一”（Identität）就是直接经验的状态。主客之别是失去经验的统一的场合发生的相对形式，把它看做相互独立的实在，只不过是一种独断。叔本华所说的没有意志的纯粹直觉也不是天赋的特殊能力，反而是我们的最自然的和统一的意识状态。天真烂漫的婴儿的直觉都属于这一类。因此所谓知的直观不过是使我们的纯粹经验状态进一步加深和扩大，也就是指

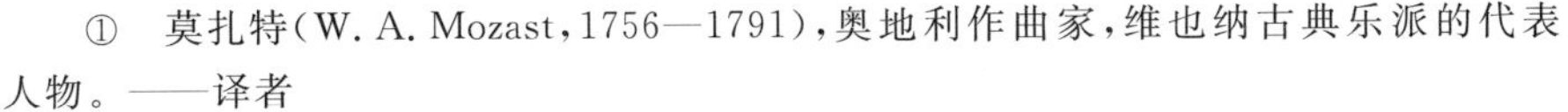

① 莫扎特（W. A. Mozast，1756—1791），奥地利作曲家，维也纳古典乐派的代表人物。——译者

② 谢林（Schelling，1775—1854），德国著名哲学家，客观唯心主义者。——译者

意识体系发展上大的统一的发现而言的。学者之得到新思想，道德家之得到新动机，美术家之得到新理想，宗教家之得到新觉醒，都是以这种统一的发现为基础的（因此都是基于神秘的直觉的）。如果我们的意识只是感官性质的东西，也许就只能停止在普通的知觉性的直觉状态。但是理想的精神寻求无限的统一，而且这个统一是在所谓知的直观的形式上得到的。所谓知的直观，和知觉一样，是意识的最统一的状态。

如果认为普通的知觉只是被动的，那么，也可以认为知的直观单纯是被动的直觉状态。但是真正的知的直观是纯粹经验上的统一作用本身，是生命的把握，也就是像技术的神髓那样的，更深一步说，就是像美术的精神那样的东西。例如像画家兴致一来，笔便自己挥动一样，在复杂的作用背后有着某种统一的东西在活动着。这种变化不是无意识的变化，而是一个事物的发展完成。对这一事物的领会就是知的直观，而且这种直觉不仅发生于高尚的艺术的场合中，在我们所有的熟练活动中都能看到，因而是极其普通的现象。这在普通的心理学上也许会认为只是习惯或有机作用，但从纯粹经验论的立场来看，这实在是主客合一、知意融合的状态。这时物我相忘，既不是物推动我，也不是我推动物。只有一个世界、一个光景。一谈起知的直观，听起来似乎是一种主观作用，但其实是超越了主客的状态。主客的对立毋宁说是由于主客的统一而成立的，如艺术家的触动灵感，就是达到了这个境地。并且所谓知的直观，不是指脱离事实的抽象的一般性直觉而言。绘画的精神与其所描绘的每个事物虽然不同，但又不是脱离它而存在的。如前所述，真正的一般与个性不是相反的，通过个性的限定反而能

够表现真正的一般,这就是艺术家的精巧的一刀一笔之所以能够表达全部真意的缘故。

如果像上述那样来思考知的直观,那就很明显,在思维的根基里存在着知的直观。思维是一种体系,在体系的根基里必须有统一的直觉。关于这点,从小的方面来说就像詹姆士在"意识之流"一文中所指出的,"有一束纸牌在桌子上"这个意识中,当主词被意识到的时候,宾词即隐约包含于其中;当宾词被意识到的时候,主词也隐约包含于其中。总之是有一个直觉在根基里活动着。我认为这个统一的直觉与技术的神髓是同一性质的东西。又从大的方面来说,像柏拉图[①]、斯宾诺莎的哲学那样,一切伟大的思想的背后都有大的直觉在活动着。在思想上,不论是天才的直觉,还是普通的思维,只是量的不同,并不是质的差异,而前者不过是新而深远的统一的直觉而已。在一切的关系的根本上有直觉,关系就因此而成立。我们无论怎样使思想纵横驰骋,也不能超出根本直觉的范围,思想就是成立在这上面的。思想并不是任何点都能够说明的,在它的根基里有不能说明的直觉,而一切的证明都建筑在这上面。在思想的根基里,始终潜藏着某种神秘的东西,连几何学的公理也是这样。我们常常说思想是能够说明的,而直觉是不能说明的,这里所谓说明,不过是意味着更能引回到根本性的直觉上来罢了。因此这个思想的根本的直觉,一方面成为说明的根基,同时不只是静止性的思想的形式,又是成为思维的力量的东西。

① 柏拉图(Plato,B. C. 427—347),古希腊唯心主义哲学家,雅典民主政体的反对者。——译者

正如在思维的根基里有知的直观一样，在意志的根基里也有知的直观。我们以某事为意志，就是对主客合一的状态进行直觉，意志就是通过这个直觉成立的。所谓意志的进行就是这种直觉的统一的发展和完成，这个直觉始终在它的根基里活动着，而它的完成就成为意志的实现。我们之所以认为自我在意志上进行活动，就是因为有这种直觉的缘故。我们所说的自我并不是别的，真正的自我就是指这个统一的直觉而言。因此古人也说过"终日为而不行"，但如从这个直觉来看，便可以说是动中有静，为而不为。此外，在这种超越知与意、并成为这两者的根本的直觉上，也能够发现知与意的合一。

真正的宗教觉悟，并不是以思维为基础的抽象的知识，也不单纯是盲目的感情，而是自己悟得存在于知识及意志的根基里的深远的统一。这就是一种知的直观，也就是深刻的生命的把握。因此任何逻辑的利刃都不能指向它，任何欲望都不能动摇它，而成为一切真理和满足的根本。它虽然有种种形状，但是我认为在一切宗教的根基里必须有这个根本的直觉。在学问道德的根基里必须有宗教。学问道德就是由于这根本的直觉而成立的。

第 二 编

实　在

第一章　研究的出发点

世界就是这样、人生就是这样，这种哲学上的世界观和人生观，同人们必须这样、必须安心于这里的这种道德宗教上的实践的要求之间有密切的关系。人是不能依凭互不相容的知识的确信与实践的要求而得到满足的。例如持有高尚精神要求的人不能满足于唯物主义，而信仰唯物主义的人则随时对高尚精神的要求总要发生怀疑。本来真理只有一个。知识上的真理必须就是实践上的真理，而实践上的真理也必须就是知识上的真理。深思的人和真挚的人一定要求知识与情意的一致。我们在讨论应该做什么和应该安心于何处的问题以前，首先必须阐明天地人生的真相和真正的实在是什么。

哲学与宗教最相一致的是印度的哲学和宗教。在印度的哲学和宗教中，有“知即善，迷即恶”之说。宇宙的本体是婆罗摩(Brahman)，婆罗摩就是“吾人之心”，也就是“我”(Atman)。认识这个婆罗摩即“我”，就是哲学和宗教的深奥意义。基督教本来是完全讲实践的，但是人们渴望满足知识的要求难以抑制，终于有了中世纪的基督教哲学的发展。在中国的道德中，哲学方面的发展很差，但宋代以后的思想颇有这种倾向。这些事实都证明在人心的根基里有寻求知识与情意相一致的深刻的要求。就欧洲思想的发展来看，古代哲学，从苏格拉底、柏拉图开始，以规诫的目的为主。在近代，随着知识方面取得特别长足的进步，知识与情意的统一趋于困难，出现了达两方面互相分离的倾向。但是，这并不符合人心本来的要求。

现在如果想理解真正的实在和认识天地人生的真谛，那就必须从这样的态度出发：即能怎样怀疑就怎样怀疑，抛开一切人为的假定，以无可置疑的、直接的知识为根本。我们在常识上往往认为事物离开意识而存在于外界，在意识的背后有"心"这种事物在发挥各种作用。这种想法又成为人们的行为的基础。但是物心独立存在的说法只是根据我们的思维的要求所假定的，要怎么怀疑都有怀疑的余地。此外像科学这样的东西也是建筑在某种假定的知识之上的，而不是以对实在的最深刻的说明为目的的。并且以此为目的的哲学之中，也有许多东西不是充分加以批判，而是以原有的假定为基础，不去深加怀疑的。

所谓物心的独立存在似乎是直觉的事实。但如略加思考，就会立即清楚地知其不然。比如就现在在眼前的所谓桌子是什么的问题来说，它的颜色和形状是我们眼睛的感觉，碰到它感到硬是手的感觉。我们所直觉到的，连物的形状、大小、位置、运动等，都不是事物本身的客观状态。离开我们的意识来直觉事物本身，到底是不可能的。就自己的心本身来看，也是一样。我们所知道的是知情意的作用，而不是心本身。我们感到似乎有个同一的自己始终在进行活动，但从心理学上看，这也不过是同一的感觉和感情的连续；作为我们的直觉的事实的物或心也只是类似的意识现象的不变的结合而已。促使我们相信物心本身存在的只是因果律的要求。但是首先需要我们究明的问题却是究竟能否根据因果律来推测出意识以外的存在。

那么，所谓无可置疑的直接的知识是什么呢？那只是关于我们的直觉经验的事实、即关于意识现象的知识。当前的意识现象与对它进行意识是直接相同的，在它们之间连主观与客观也不能分开。事实与认识之间没有丝毫的间隙。真是要想怀疑也无法怀疑的。当然，即使是意识现象，在判定或回忆它的场合，有时也会发生错误。但是此时已经不是直觉，而是推理。后者的意义与前者的意义是不同的意识现象，所谓直觉不是把后者当做前者的判断来看，而只是去认识事实的本来面目。所谓错误或不错误是没有意义的。我们必须以这样的直觉经验为基础，在这上面积累起我们的一切知识。

哲学在脱离从前的假定，寻求新的巩固的基础的时候，总会回到这种直接的知识上来的。在近代哲学出现的初期，培根[①]把经验当做一切知识的根本，笛卡尔把“我思故我在”(cogito，ergo sum)的命题当做基础，以及以与此同样明了的东西作为真理，都是由于这个缘故。但是培根所说的经验并不是纯粹的经验，而是带有认为我们能够依据它直觉到意识以外的事实的那种独断的经

① 培根(F. Bacon，1561—1626)，英国哲学家，英国唯物主义和现代实验科学的始祖。——译者

验。笛卡尔所说的“我思故我在”已经不是直接经验的事实，而是在对“我在”这件事进行推理。此外认为明了的思维能够认识物的本体这种看法也是独断的。因此，康德以后的哲学不能把它作为不可置疑的真理立即予以接受。我在这里所说的直接的知识，是抛开一切这些独断，只把它当作直觉的事实来承认的（当然，如果像以黑格尔为首的许多哲学史家所说的那样，笛卡尔的“我思故我在”的说法不是推理，而只是表达实在与思维合一的直觉的准确，那就和我的出发点相同了）。

与相信意识上的事实的直觉，即直接经验的事实为一切知识的出发点相反，有人认为思维是最准确的标准。这些人把事物分成真相与假象，说我们直觉地经验的事实是假象，只有依靠思维的作用才能辨明真相。当然，在这类主张里面，如常识或科学上所说的也并不完全排除直觉的经验，而以某种的经验事实为真，以其他的经验事实为伪。例如日月星辰看来很小，其实是很大的；天体看来似乎是在动，其实是地球在动，就是这种真伪之分。但是，这种想法还是由于以某种条件下发生的经验事实来推测其他条件下发生的经验事实而引起的。它们在各个特定的条件下都是不可动摇的事实。那么既然是同一直觉的事实，为什么有真伪之分呢？这种想法的产生，总之是因为触觉比其他的感觉更具有一般性，并且实际上是最重要的感觉，所以把从这个感觉得来的看做是物的真相。从而如果略加思考，就会明显地看出这是首尾不一贯的。而某一派的哲学家则与此不同，他们把经验事实完全当做假象，主张只有依靠思维才能认识物的本体。但是，假如说有我们所不能经验的超经验的实在的情况，我们又怎么能够通过思维来认识它呢？我们的思维作用终究是在意识上发生的意识现象的一种，这是谁也不能否认的。如果认为我们的经验事实不能认识物的本体，那么，与它是同一现象的思维也应该是不能认识物的本体的。有人把思维的一般性和必然性当做认识真正实在的标准，但是，归根结柢，这些性质也只是在我们自己意识上直觉到的一种感情，仍然是意识上的事实。

认为我们的感觉的知识都是错误的、认为只有通过思维才能认识物的真相，这种观点是从埃利亚学派[①]开始的，到了柏拉图时代发展到了顶点。在近代哲学方面，笛卡尔学派的人都相信只有通过明确的思维才能认识实在的真相。

有人认为思维与直觉似乎是完全不同的作用。但是只作为意识上的事实来看时，它们却是同一种作用。有人认为所谓直觉或经验，是对个别事物使其与其他无关的、按照原样进行知觉的纯粹的被动性作用，而思维则与此相反，是对事物进行比较和判断以确定其关系的能动性作用。但是作为实际上的意识作用来说，是完全没有被动性作用的。直觉就是直接的判断。我以前所谈到的作为无假定的知识的出发点的直觉，就是这种意义的。

上述直觉不是仅指感觉这种作用而言。在思维的根基里也经常有某种统一性的东西。这是可以直觉到的。而判断则是由这个分析而发生的。

① 埃利亚学派(Eleaten，Eleatics)是古希腊哲学学派之一，公元前 6 至 5 世纪产生于意大利南部的埃利亚城。——译者

第二章　意识现象是唯一的实在

根据不加丝毫假定的直接知识来看，所谓实在，只是我们的意识现象，也就是直接经验的事实。此外所谓实在不过是从思维的要求产生的假定而已。尚未脱离意识现象范围的思维作用当然没有对经验以上的事实进行直觉的神秘能力；这些假定无非是思维为了系统地组织直接经验的事实而发生的抽象概念。

排除一切武断，想从最无疑的直接知识出发的这种极其带有批判性的想法，和在直接经验的事实以外来假定实在的想法，无论如何不能同时成立。连洛克、康德这样的大哲学家也难以避免这两种思想的矛盾。现在我想抛弃一切假定的思想，严密地采取前一想法。从哲学史来看，我认为贝克莱①、费希特就抱有这种想法。

通常认为，我们的意识现象就是物体中，特别是伴随着动物的神经系统的一种现象。但是如果稍为仔细想一想，就会知道对于我们最直接的原始事实乃是意识现象，而不是物体现象。我们的身体也只是自己的意识现象的一部分。不是意识存在于身体之中，反而是身体存在于自己的意识之中。我们说意识现象伴随着

---

① 贝克莱(G. Berkeley，1685—1753)，英国哲学家，主观唯心主义者。——译者

神经中枢的刺激，只是指一种意识现象必然伴随着另一种意识现象发生而言。如果我们能够直接感知自己脑中的现象，那么所谓意识现象与脑中的刺激的关系，就会和耳朵所感到的声音与眼或手所感到的弦的震动恰好相同。

> 我们往往认为似乎有意识现象和物体现象这两种经验事实，但实际上只有一种，即只有意识现象。所谓物体现象，不过是在意识现象中把每个人所共同的和具有不变关系的东西加以抽象化而已。

通常还认为，在意识之外还有具备某种特定性质的物的本体独立存在，而意识现象不过是在这个基础上发生的现象而已。但是所谓在意识之外独立固定之物是什么呢？严格说来，离开了意识现象就不能想象物本身的性质。而只不过说那是在某种特定条件下产生特定现象的一种不可知的东西，也就是说，由我们的思维的要求所想象出来的而已。然则思维为什么必须假定这种物的存在呢？那只是说类似的意识现象经常结合发生。我们称之为物的东西，其真正意义就是这样的。从纯粹经验来看，意识现象的不变的结合是根本事实。所谓物的存在只是为了说明而设立的假定而已。

> 所谓唯物主义者认为物的存在似乎是无可置疑的直接自明的事实，想用它来说明精神现象。但如略加思考，就会知道这是本末颠倒之说。

因此，如果从纯粹经验上严密地加以思考，就可以知道，在我们的意识现象之外没有独立自在的事实。正如贝克莱所指出，确实是“存在就是被感知”（esse＝percipi）。我们的世界是由意识现象的事实组成的。各种哲学或科学都不过是对这个事实的说明。

我在这里所谈的意识现象，也许会引起误解。提起意识现象，也许就会被理解为与物体分离，只有精神存在。我的真意是：所谓真正的实在是不能称之为意识现象的。贝克莱所说的“存在就是被感知”也和我的真意并不符合。直接的实在不是被动性的，而是独立自在的活动。因此也可以说“存在就是活动”。

上述看法可以说是我们深刻思考之后必然到达的结果。但是乍一看来，不但和我们的常识很不相同，而且如果要想用它来说明宇宙的现象，将会遇到种种的困难问题。不过这些困难问题，与其说是大多由于严守纯粹经验的立场而产生的，毋宁说是对纯粹经验横加武断的结果。

作为这种困难问题之一，如果说只将意识现象当做实在，那么，岂不是陷入认为世界一切都是自己的观念的唯我论中去了吗？并且即使不是那样，也会发生这样一个问题：即如果每个人各自的意识都是互相独立的实在，又将如何说明其间的关系呢？但是认为意识必然是某个人的意识这种说法，只是意味着意识必须有统一。如果认为在此以上必须另有持有者的话，那就显然是武断。然而这个统一作用，即所谓统觉，不过是指类似的观念感情成为中枢来统一意识；作为这个意识统一的范围的东西，从纯粹经验的立场来看，是不能在彼我之间加以绝对区分的。如果就个人的意识来说，昨天的意识和今天的意识虽然都是独立的，但是因为它们属于同一系统而可以认为是一个意识的话，那么在自己和他人的意识之间也可以发现相同的关系的。

我们所有的思想感情的内容都是一般性的。无论经过几千年和相隔几千里，思想感情还是能够相通的。以数理为例，任何人在何时何地进行思考都是一样的。因此伟大的人物能够感化许多人而使之团结在一起，并用同一的精神来支配他们。这时这些人的精神可以看做是同一的。

其次，把意识现象当做唯一的实在时难于解释的问题是：认为我们的意识现象不是固定的东西，而是不断变化的事物的连续，那么这些现象又从何处生与向何处去呢？但是，这个问题归根结柢还是从所谓物必有因这种因果律的要求发生的，所以在思考这个问题之前，我们必须首先探讨因果律的要求究竟是什么。通常认为因果律就是要求在现象背后有固定的事物本身的存在，这是错误的。关于因果律的正确的意义，正如休谟①所指出的，只是说某种现象的发生，必然有比它先行的一定的现象，而不是要求现象以上的物的存在。所谓从一个现象产生另一个现象，既不是说一个现象曾经被包含在现象之中，也不是说曾经潜藏在外面某个地方的东西被引申出来，而只是说在具备充分的条件即原因时必然会产生一定的现象即结果。在条件尚未完备时，任何地方都不会存在应该伴随着它的一定的现象即结果。例如，在击石取火，发生火之前，任何地方也没有火存在。也许有人说，大概是先有产生火的力量存在。但如上所述，所谓力或物都是为了说明而设的假定，我们所直接感知的，只是与火完全不同的某种现象。因此所谓某种

① 休谟(D. Hume，1711—1776)，英国的资产阶级哲学家、经济学家和历史学家。——译者

现象伴随某种现象是直接赋予我们的根本事实，而因果律的要求却是根据这个事实产生的。可是有人认为这个事实与因果律是矛盾的，这无非是由于对因果律的误解。

所谓因果律，是以我们的意识现象的变化为根本而发生的思维习惯。关于这点，就从这一事实来看，也可以明白：即我们如果依据这个因果律来说明宇宙整体，便会立即陷入自相矛盾的境地。因果律要求世界上必须有一个开始。但是，如果把某一点规定为开始，因果律又要进一步询问它的原因如何，从而自己就暴露出自己的不完全性。

最后，谈谈我对于由无不能生有这种因果律的看法。虽然说在普通的意义上，物是不存在的，但是从破除了主客之分的直觉来看，无的意识仍然是实际存在的。如果我们不仅把所谓无当作一个词汇，而把某种具体意义加在它上面来看，就可以认为它一方面是指缺乏某种性质，另方面却具有某种积极的性质（例如从心理学上说，黑色也是一种感觉）。因此就物质界会由无生有的观点来说，如果作为意识的事实来看，无也不是真正的无，而可以看做是意识发展上的某一动因。那么在意识上究竟如何？能由无生有吗？意识不是在时间、地点、力量等数量的限定下存在的，从而是不受机械的因果律支配的。相反地，这些形式却成立在意识统一之上。在意识上，一切都是性质性的，是潜在的统一在发展它自己。即如黑格尔所指出，意识就是"无限"（das Unendliche）。

一种颜色的感觉也可以说是包含着无限的变化，也就是说，我们的意识趋向精细时，就会感到在一种颜色之中也有无限的变化。今天我们在感觉上的差别恐怕也是这样分化而来的。冯特把感觉的性质按维数排列起来[①]；既然本来就是一个一般性的东西分化出来的，所以我认为这样的体系是有的。

① 冯特：《心理学概论》（Wundt：*Grundriss der Psychologie*），第 5 节。

第三章　实在的真景

我们所说的尚未经过思维加工的直接的实在究竟是什么呢？也就是说真正的纯粹经验究竟是什么呢？在这个时候，还没有主客的对立，也没有知情意的分离，而只有独立自在的纯活动。

理智主义的心理学家，把感觉和观念当作精神现象的因素，认为一切精神现象，都是由它们结合而成的。如果这样想的话，所谓纯粹经验的事实就应该说是意识的最被动的状态，亦即感觉了。但是这种想法是把作为学术上分析的结果而产生的东西和直接经验的事实混同起来了。在我们的直接经验的事实中没有纯粹感觉这种东西。我们所说的纯粹感觉已经是简单的知觉。可是知觉无论怎样简单，也绝不完全是被动性的，而必然包含着能动性的即构成性的因素（关于这点，看看空间知觉的实例亦可明白）。至于联想或思维这种复杂的知的作用，在这点上就更加明显。虽然通常说联想是被动性的，但在联想方面，确定观念联合的方向的，并不仅仅是外界的情况，而是由于意识的内在性质。在联想与思维之间只有程度上的差别。把我们的意识现象分为知、情、意三种，本来只是为了学术研究上的方便，实际上并不是有这样三种现象，而意识现象却具备所有这些方面（例如，学术研究那种所谓纯知性的作用也绝不能离开情意而存在）。但是在这三方面之中，意志是最根本的形式。正如意志主义的心理学家所指出，我们的意识始终是能动性的，它以冲动开始，以意志终结。因此我们的最直接的意识现象无论怎样简单，总具有意志的形态。这就是说，应当认为意志是纯粹经验的事实。

> 过去心理学的主要流派是理智主义，而近来意志主义逐渐占优势。如冯特就是这方面的巨擘。意识不论怎样单纯，必然是构成性的。所谓内容的对照是意识成立的一个重要条件。如果真有所谓单纯的意识，那就成为无意识。

在纯粹经验的场合，还没有知情意的分离，好像只是一个活动，同样，也还没有主观客观的对立。主观客观的对立是从我们的思维的要求产生的，所以不是直接经验的事实。在直接经验上只有一个独立自在的事实，既没有进行观察的主观，也没有被观察的客观。正如我们的心灵被美妙的音乐所吸引，进入物我相忘的境地，觉得天地之间只有一片嘹亮的乐声那样，这一刹那便是所谓真正的实在出现了。如果认为乐声是空气的振动，或者觉得自己在听着它，那么，这些想法都是由于我们离开这个实在的真景，进行反省和思维所产生的，因而这时我们就已经离开真正的实在了。

> 通常认为，主观和客观似乎具有分别独立的能力，并且通过这两者的作用就会产生意识现象。从而认为有精神与物体这两种实在。这些看法都是错误的。所谓主观和客观，不过是考察一个事实时的不同看法，精神与物体的区别也是从这种不同看法而产生的，并不是事实本身的区别。事实上的花，并不是自然科学家所说的那种纯

物体性的花，而是具备着色、形、香的，美丽而可爱的花。海涅[①]仰视静夜的星辰，把它们说成是苍穹上的金色的钉；天文学家可能认为这是诗人的呓语而付之一笑，可是星的真相也许却表现在海涅的这句诗中。

由此可见，主客尚未分离的独立自在的真正的实在是把知情意合而为一的东西。真正的实在并不是通常所想象的那种冷静的知识的对象，而是从我们的情意发生的东西。即不仅是存在，而且是具有意义的东西。因此如果从这个现实中去掉我们的情意，那就已经不是具体的事实，而只成为抽象的概念。物理学家所说的世界，和没有宽窄的线、没有厚薄的平面一样，并不是实际的存在。从这一点来看，艺术家是比学者更接近于实在的真相的。在我们所见所闻的事物中，都包含着我们的个性。即使说是同一的意识，也绝不是真正相同的。例如看同一条牛，农民、动物学家和美术家的意象就一定不相同的。又如同一个人看同一风景，也会由于自己心情的不同，有时觉得明媚美丽，有时会觉得阴郁凄惨。正如佛教等这种说法：根据自己心情的不同，这个世界可以看成是天堂，也可以看成是地狱。这就是说，我们的世界完全是以我们的情意为主而组成的。任何成为纯知识对象的客观世界也脱离不了这种关系。

从科学上来看，世界是最客观的，似乎其中丝毫不包含我们的情意因素。但是学问，本来也是从我们生存竞争上的实际要求产生的，而绝不是完全离开情意要求的。

---

① 海涅（H. Heine，1797—1856），德国著名诗人。——译者

特别是如耶路撒冷[1]等人所指出，作为科学看法的根本意义的、认为外界中存在着发生种种作用的力这种想法，我们必须把它看做是从自己的意志类推出来的。[2] 因此太古对自然万象的说明都是拟人的，今天的科学说明是从那里发展而来的。

由于我们把主观客观的区别认为是根本性的，从而又认为只有在知识中包含客观的因素，而情意完全是我们个人主观的产物。这种想法，在其根本的假定上就已经是错误的。但是即便说现象是由于主客相互的作用而产生的，而色、形等知识内容，如果把它看做是主观的那就是主观的，如果把它看做是个人的，那就是个人的。反之，在情意方面，如果说外界具有引起这种情意的性质，就带有了客观的根据，因而认为情意完全是属于个人的这种看法是错误的。我们的情意是能够相通相感的，即包含着超个人的因素。

由于认为我们有个人这种东西才发生喜怒爱欲的情意，所以也会产生情意纯粹是属于个人的这种想法。但是，并不是人有情意，而是情意创造个人，情意是直接经验的事实。

所谓对自然万象的拟人的说明，是太古人类的说明方法，在今天也是天真烂漫的儿童们的说明方法。所谓科学家们恐怕对此都会付之一笑。当然这种说明方法是幼稚的，但从另一方面来看，却是实在的真实的说明方法。科学家的说明方法只偏于知识一方

① 耶路撒冷(Jerusalem，1854—1923)，奥地利哲学家。——译者

② 耶路撒冷：《哲学概论》(*Einleitung in die Philosophie*)，第6版，第27节。

面。至于实在的完整的说明，则须在满足知识的要求的同时，不能把情意的要求置之度外。

> 希腊人民认为自然都是活的自然。他们认为雷电是奥林巴斯[①]山上的宙斯神[②]发怒，杜鹃的啼声是菲洛米拉[③]在吐诉千古的怨恨。[④] 这是现在的真意在自然的希腊人的眼里照原样的表现。今天的美术、宗教、哲学，都在为实现这个真意而努力。

① 奥林巴斯(Olympus)是希腊北部的一个高山，相传太古时代希腊诸神住在该山上。——译者

② 宙斯神(Zeus)，奥林巴斯山上的主神。相当于罗马的主神 Jupiter。——译者

③ 菲洛米拉(Philomela)是希腊神话中所传说化为黄莺的、雅典王 Pandion 的女儿。——译者

④ 参看席勒:《希腊的神》(Schiller, *Die Götter Griechenlands*)。

第四章　真正的实在经常具有同一的形式

如上所述，不分主客的、知情意合一的意识状态就是真正的实在。如果我们想起独立自在的真正的实在，自然就会以这个形态出现。这种实在的真景只能由我们自己加以领悟，而恐怕不是能加以省察、分析，用语言来表达的。但是我们的各种不同的知识是由于省察这个实在而发生的，所以现在我想来讨论这个唯一实在的成立的形式，以阐明怎样由此产生种种差别的问题。

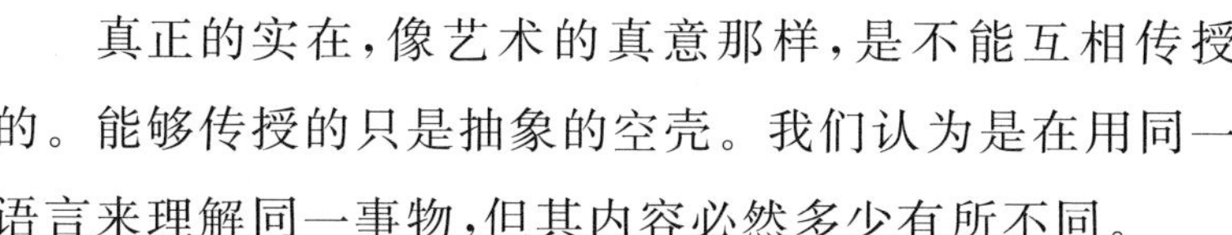

真正的实在，像艺术的真意那样，是不能互相传授的。能够传授的只是抽象的空壳。我们认为是在用同一语言来理解同一事物，但其内容必然多少有所不同。

如果对独立自在的真正的实在的成立方式加以考察时，可以看出都是经由同一形式成立的。即经由下述形式成立的：首先是整体含蓄地(implicit)出现，接着其内容由此分化发展，然后在这个分化发展终结时，实在的整体便实现和完成了。一句话，就是一个东西它独自自己进行发展和完成。这个方式，在我们的活动的意识作用上，最能明显地看到。就意志来看，首先有目的观念，然后为了根据情况来实现它，便将适当的观念有系统地组织起来，这种组织完成的时候，就变成行为，此时，目的便被实现，意志的作用即告终结。不仅意志作用如此，就是所谓知识作用的思维想象等，也是如此，也都是先有目的观念，由此产生种种的观念联合，在得到了正确的观念结合的时候，这种作用即告完成。

> 如詹姆士在“意识之流”一文中所指出的，一切意识都具有上述形式。例如说在意识上想起一个文句，当主词出现于意识上时，就隐约包含着全句；而在宾词出现时，它的内容便被发展而实现。

就意志、思维、想象等这些发达的意识现象来说，上述形式是明显的；但在知觉、冲动等方面，乍然一看，似乎不通过上述过程就能立即实现它的整体。但是如上所述，意识在任何情况下绝不是单纯的和被动性的，而是能动性的和复合的。因而它就一定是根据上述形式成立的。诚如意志主义所指出，因为意志是一切意识的原形，应当说所有的意识无论怎样简单，也是通过与意志同一的形式而成立的。

> 冲动、知觉等与意志、思维等之间的差别只是程度上的，而不是种类上的。在前者是无意识的过程，在后者却在意识上把自己显现出来，所以我们从后者推测，便知前者也应该具有同一构造。我们所谓知觉，从它的发展来看，也是作为种种经验的结果而产生的。如以听音乐为例，开始时并无所感，但在逐渐顺耳的时候，就会从中得到明显的知觉。因此不妨说知觉是一种思维。

其次，关于由被动的意识与能动的意识的区别而发生的误解，也须略进一言。在能动的意识方面，上述的形式是明显的；但在被动的意识方面，因为使观念结合的东西在外部，即观念只是通过外界的事物而得到结合的，所以看起来似乎不是一个完整的东西由内面发展完成的。但是我们不能把意识严格地区分为被动的和能动的,它们之间毕竟只是程度上的差别。联想或记忆等意识作用也不是完全受联想的规律那种外界事物所支配的。每个人的内在性质才是它们的主动力,这仍然可以看成是统一的某种东西的内在发展。只是在所谓能动的意识方面,这个统一的某种东西作为观念而明显地出现在意识上,而在被动的意识方面,这种东西却是无意识,或成为一种感情而进行活动。

所谓能动与被动的区别,即认为精神有内在的活动或受到外部的作用,这是由于通过思维来假定精神与物体的独立存在,并且认为意识现象是精神和外物相互作用的产物这种想法而来的。所以这并不是纯粹经验的事实上的区别。在纯粹经验的事实上只有程度上的差别。当我们具有明确的目的观念的时候,便认为是能动的。

经验学派认为,我们的意识都是通过外物的作用而发展的。但是外物无论怎样活动,如果内部没有与之相适应的先在的性质,也不能产生意识现象。这和栽种植物一样,无论怎样从外部加以培养,如果种子没有发生的力量,植物便不会发生。当然可以反过来说,只有种子,植物也不会发生。总之以上两种说法都是只看到一方面,而忘记了另一方面。真正的实在的活动只是唯一的某种东西的自我发展,所谓内、外或能动、被动的区别则是为了说明这种现象,由思维构成的。

对于一切意识现象都是经由同一形式而成立的这点,我相信并不是很难理解的事。不过要想更进一步,把我们通常称为外界现象的自然界事物也列入同一形式之下，这或许就会被认为是很困难的了。但是如上所述，离开意识的纯粹物体是抽象的概念，真正的实在并不在意识现象之外，可以说直接经验的真正的实在总是经由同一形式而成立的。

通常认为固定的物体是作为事实而存在的。但是实际存在的事实始终是发生的事件。诚如希腊哲学家赫拉克利特[①]所说的“万物流转，无有止境”（Alles fliesst und nichts hat Bestand），实在是流转着的、一时一刻也不停留的发生的事件的连续。

我们所谓外界的客观世界，也不是存在于我们的意识现象之外的，而仍然是通过某种统一作用而被统一的东西。只是在这个现象带有普遍性的时候，即保持着驾乎个人的小意识之上的统一的时候，从我们来看，便是独立的客观世界。例如在这里看见一盏灯，如果只有自己能够看到的话，也许会认为是主观的幻觉。只有每个人都同样地承认它，才成为客观的事实。所谓客观的独立世界就是从这种普遍的性质发生的。

① 赫拉克利特（Herakleitos，约纪元前540—前480），古希腊唯物主义哲学家，古代辩证法创始人之一。——译者

第五章　真正的实在的根本形式

我们所经验的事实似乎是多种多样的，但如略加思考，就会知道，它们都是同一的实在，而且是通过同一形式成立的。这里就来谈谈一切实在的根本形式。

首先必须承认，在一切的实在的背后有统一的某种东西在活动着。有的学者认为，真正单纯而独立的要素，例如原子论者的原子就是根本的实在。但是这种要素是为了说明而假设的抽象概念，事实上并不可能存在。试想如果现在这里有一个什么原子，它总应该具有某种性质或作用，若是完全不具有性质或作用，那就等于无此原子。然而，所谓一物在活动，必然是对他物进行活动，而且其中必须有使两者结合，并使之能够互相起作用的第三者。例如说甲物体的运动影响到乙，在此两物体之间必须有所谓"力"的存在；再拿性质来说，一个性质的成立，必然是与其他性质相对而成立的。举例来说，假若颜色只有红的一种，红色就无法显现；要使红色显现，必须要有非红色的颜色。并且要把一个性质与其他性质进行比较和区别，这两个性质在根基上必须是同一的；种类完全不同的、在它们中间没有任何共同之点的东西，是不能互相比较区别的。既是这样，如果说一切的物都是由于对立而成立的，那么在它们的根基里，一定潜藏着统一的某种东西。

这个统一的某种东西，在物体现象上便成为存在于外界的物力，在精神现象上就归于意识的统一力。但如上所述，由于物体现象或精神现象在纯粹经验上是同一的，所以这两种统一作用本来应该属于同一种类。在我们的思维意志根基上的统一力和在宇宙现象根基上的统一力也就是同一的，例如我们的逻辑和数学的定律就是宇宙现象由之得以成立的原则。

实在的成立，如上所述，需要在其根基上具有所谓统一这样的东西，同时所谓相互的对立或者说矛盾也是必要的。正如赫拉克利特所说的斗争是万物的源泉，实在是通过矛盾而成立的，红色之物是与非红色之物相对，能动之物是与受动之物相对而成立的。随着矛盾的消灭，实在也就消逝了。本来矛盾与统一不过是从两个方面来看同一事物，因为有统一就有矛盾，因为有矛盾也就有统一。例如白色同黑色在所有各点上都是共同的，只在一点上不同，便成为最相反对的。反之如道德和三角，不是显然相反对的，也就没有明显的统一。最有力的实在就是最能把种种矛盾调和统一起来的东西。

我们之所以把统一的同被统一的东西加以区分，是由于抽象的思维，而在具体的实在上，这两者是不能分离的。所谓一棵树，是在枝、叶、根、干等起着种种不同作用的部分的统一上存在的，但是树不仅仅是枝叶根干的集合，如果没有树的整体的统一力，枝叶根干也是无意义的。因此树是存在于它的组成部分的对立与统一之上的。

统一力与被统一的东西离开的时候，就不成其为实在。例如一个人堆砌石头，石头与人是完全不同的东西，这时石头的堆砌是人工的，因而不能成为一个独立的实在。

因此实在的根本形式是一同时又是多，是多又是一，在平等之中有差别，在差别之中有平等。这两方面是不能离开的，所以归根结柢可以说是一个东西的自我发展。独立自在的真正的实在经常具有这种形式，不具有这种形式的都是我们的抽象的概念。

> 实在是自己成为一个体系的东西。使我们相信一个事物是确实的实在的就是这个性质。反之，不成体系的事物，例如做梦，就不能相信它是实在。

如上所述，真正的一而多的实在，应该是自动不息的。所谓静止的状态是不与他物相对立的独存的状态，也就是排斥多而为一的状态。但是，在这种状态上实在不能成立。如果说由统一成立了某一状态，那么此时其他相反的状态就必须立即成立。即一个统一形成时，便立即产生破坏它的不统一。真正的实在就是依凭这种无限的对立而成立的。物理学家有能量常驻之说，认为实在仿佛是有极限的。这只是为了便于说明而设的假定，这恰好同认为空间也有极限那种说法相同，只是抽象地看到了一方面，而忘却了另外一方面。

> 活的东西都包含着无限的对立，也就是具有发生无限变化的能力。把精神说成是活物，是因为它始终存在着无限的对立，永无止境的缘故。如果它固定于一个状态而不能向其他对立转移的时候，那就成为死物了。

虽然说实在是由于与之相对立的东西成立的，但这个对立不是来自他物，而是在自体中产生的。如上所述，在对立的根基上有统一，无限的对立都是从自体的内在性质作为必然结果发展而来的。因此真正的实在是从一个事物的内在必然而发生的自由的发展。例如通过空间的限定而产生种种几何学的形状，这些形状互相对立着，并保持着特殊的性质。但是它们并不是分别对立着的，而是通过所谓空间这个东西的必然性质结合起来的。也就是说，有如空间性质的无限发展一样，就我们称之为自然现象的东西来看，实际的自然现象也如上所述，既不是由各个独立的要素形成的，也不是离开我们的意识现象存在的。它仍旧是通过一个统一作用成立的，因而可以看做是一个自然的发展。

> 黑格尔说，一切合理的东西都是实在的，而实在又一定是合理的。这句话尽管受到种种反对，但从某一观点来说，却是不可动摇的真理。宇宙现象无论怎样细微，也绝不是偶然发生、和前后完全无关的。一定是具有应该发生的理由才发生的。我们把它看做是偶然的，只是因为我们的知识不足罢了。

通常认为有一种活动的主体，由这种东西才发生活动。但从直接经验来看，活动本身就是实在。所谓主体之物只是抽象的概念。由于我们把统一和它的内容的对立，看做是互相独立的实在，所以才产生出这种想法。

第六章　唯一实在

如上所述，实在是意识活动。那么按照通常的解释，所谓意识活动是时而出现又忽然消逝的东西，因而同一的活动是不能永久连续下去的。从这种看法出发，就会认为小至我们的一生经验，大至宇宙迄今为止的发展，所有的事实毕竟像梦幻一样，都是支离破碎的。从而就会发生这样的疑问，即难道在它们之间就没有任何统一的基础吗？关于这个疑问，我想谈谈由于实在是成立在相互关系上的，所以宇宙是唯一实在的唯一活动这个问题。

在一定范围内，意识活动是通过统一而成立的，我想这点已经大致说明过了。但有许多人不相信在一定范围以外还有这种统一。例如有人认为昨天的意识和今天的意识彼此完全是独立的，已经不能把它们看做是一个意识。但是从直接经验的立场来加以思考，就会知道这种区别只是相对的，而不是绝对的。对于任何人所认为是统一的一个意识现象的思维或意志等加以考察时，都可以看出它的过程不过是各不相同的观念的连续。如果仔细区别起来看，也可以认为这些观念是各别不同的意识。但是，如果这些连续的观念可以看成不是各个独立的实在而是一个意识活动的话，那么，就没有理由不可以把昨天的意识与今天的意识看成是一个意识活动了。在我们一连几天思考某一问题，或者计划一个事业的时候，可以明显地看出，这是同一意识在连续活动，只是在时间的长短上有所不同而已。

在意识的结合方面，像知觉那样的同时结合，像联想思维那样的继续结合，以及像自觉那样的终生结合，都是程度上的差异，都是基于同一性质成立的。

意识现象是时时刻刻变化着的，同一意识不会再发生。认为昨天的意识与今天的意识即使内容相同，却是完全不同的意识，这种想法不是从直接经验的立场出发，而是先假设了一个时间这样的东西，意识现象则是作为显现在时间上的东西推论出来的结果。如果认为意识现象是通过时间这种形式成立的，那么从时间的性质上来看，意识现象就会一去而不复返的。时间只有一个方向。即使是具有完全同一内容的意识，在时间的形式上已经不能说是同一的了。但是现在如果回到直接经验的根本上来看，这些关系就必须成为完全相反的。所谓时间，不过是整顿我们的经验的内容的一种形式，因而在时间这种想法产生之前，首先必须使意识内容能够得到结合、统一而成为一体。否则就不能把前后联系起来而在时间性上进行思考。因此不是意识的统一作用受时间的支配，相反是时间通过这个统一作用而成立的。因此可以认为，在意识的根基上，必须具有超越时间之外的不变的某种东西。

从直接经验来看，同一内容的意识就是同一意识。有如真理是任何人在任何时代所认为的都是同一的一样，我们昨天的意识和今天的意识也属于同一体系，具有同一内容，因而立即被结合起来而成为一个意识。所谓个人的一生，就是构成这样一个体系的意识的发展。

从这一点可以看出，在精神的根基上经常有不变的某种东西。而且这种东西逐日在发展壮大。所谓时间的过程就是伴随着这种发展的统一的中心点在变化，而这个中心点始终是“现在”。

如上所述，在意识的根基上有不变的统一力在进行活动。那么，就会产生这样的疑问：这个统一力是以什么形状存在和怎样在维持自己呢？在心理学上，把这种统一作用归根于脑的物质作用。但如前所述，我们假定在意识之外有独立的物体，这是由意识现象的不变的结合推论出来的，因而意识内容的直接结合这种统一作用，才是更根本性的事实。这个统一力不是从某个另外的实在产生出来的，而实在却反而是通过这个作用成立的。人们都相信，宇宙间有个一定不变之理，万物即是由此成立的。这种不变之理，是万物的统一力，又是意识内部的统一力。理不是由物或心所具有的，而是促使物或心成立的。理是独立自存的，不因时间、空间和人而有差别，也不因显灭消长或使用与否而起变化。

通常认为“理”，就是支配我们主观意识上的观念联合的作用。但是这种作用只是理的活动所留下的痕迹，而不是理本身。理本身是创造性的，我们能够完全没入其中，并且按照它来进行活动，但不能把它看成是意识的对象。

在普通意义上，所谓物的存在是指存在于某地、某时，呈现某种形状。但是这里所说的理的存在却是和它不同类的。像这样被束缚于一处的东西是不能进行统一活动的，因而这不是活的真正的理。

就个人的意识来说，正如上述昨天的意识与今天的意识会立即被统一而成为一个实在；与此同样，我们一生的意识也可以看做是单一的。把这种想法推进一步的时候，就可以看出，不仅在一个人的范围内是这样，就是同别人的意识之间也能看做是根据同一理由而连结成为一个的。正如任何人所认为的，理总是一样的，在我们的意识的根基上有个普遍性的东西。我们通过这种东西，就能互相理解、互相联系。不仅所谓普遍的理性在一般人心的根基上是相通的，而且生活在某一社会的人，不管是怎样富于独创性的也好，也没有不受那个特殊的社会精神所支配的。每个人的精神都不过是这个社会精神的一个细胞而已。

如上所述，个人与个人之间的意识的联结，和一个人昨天的意识与今天的意识的联结是相同的。看起来似乎前者是由外部所间接结合，后者是由内部直接结合。但如认为是由外部所结合的话，那么后者也是由某种内在感觉的符号所结合起来的。这和个人之间的意识是通过语言等符号结合起来的情况是相同的。如果认为这是由内部结合的话，那么在前者也是一样，正是因为个人之间本来就有同一的根基，所以就能够立即结合起来。

我们通常称之为客观世界的东西，也如屡次所指出，并不是离开我们的主观成立的。客观世界的统一力和主观意识的统一力是同一的，即所谓客观世界与意识都是基于同一的理而成立的。因此人们才能够通过存在于自我之中的理来体会宇宙成立的原理。假如说有一个与我们的意识的统一不同的世界，那么这样的世界也是与我们完全无关的世界。我们能够认识和能够体会的世界，必须是存在于与我们的意识相同的统一力之下的世界。

第七章　实在的分化发展

如果从离开意识才有世界这种想法来看，也许可以说万物是各个独立存在的东西；但从意识现象是唯一的实在这种想法来看，就必须得出这样的结论：即在宇宙万象的根基里有唯一的统一力，而万物是同一的实在所显现出来的东西。随着我们知识的进步，就会更加深信有这种同一的理。现在就来谈谈怎样由这个唯一的实在产生种种差别的对立这个问题。

实在被统一成为一个的同时，又必须包含着对立。这里如果有一个实在，就必然有与它相对立的其他的实在。那么，这样使这两个东西互相对立的时候，它们就不是独立的实在，而必须是被统一起来的东西，也就是必须是一个实在的分化发展。并且在这两个东西被统一起来作为一个实在出现时，就会再产生一个对立。但是这时在这两者的背后又必须有一个统一在进行活动。就这样向着无限的统一前进。如果相反地从一方面来想，就可以认为无限的唯一实在在由小而大、由浅而深地对自己进行分化发展。这种过程是发现实在的形式，而宇宙现象就是由此成立而前进的。

这种实在发展的过程，可以根据我们的意识现象把它看得很清楚。例如就意志来看，所谓意志是想把某种理想变成现实的，是现在与理想的对立。但在这个意志被实行而达到与理想一致的时候，这个现在又与另外的理想对立，而出现新的意志。这样在我们的一生中就始终是发展和实现自己。其次，就生物的生活和发展来看，也可以发现这种实在的形式。生物的生活确实是像这样的不停止的活动。只是要把这个形式适用在无生物的存在上却似乎是困难的，关于这个问题，将在论自然的一章中再加讨论。

现在的问题是从上述实在的根本形式怎样产生种种实在的差别呢？首先，所谓主观和客观的区别是从何发生的呢？主观与客观不是互相分离而存在的，而是一个实在的相对的两个方面。我们所谓主观是统一的方面，而客观是被统一的方面；所谓"我"始终是实在的统一者，而"物"是被统一者（这里所谓客观，不是意味着离开我们意识而独立的实在，只是意味着意识的对象）。例如说，我们对某物进行知觉或思维的时候，所谓自己是彼此互相比较、进行统一的作用，所谓物就是与此对立的对象，即比较统一的材料。又当我们用后来的意识看以前的意识时，似乎认为能够把自己看做是对象，但其实这个自己并不是真正的自己，而真正的自己是现在的观察者即统一者。此时必须认为前面的统一已经一度完结，而作为后面的统一的材料被包含于其中。因此自己是无限的统一者，绝不能把自己作为对象当做比较统一的材料。

即使从心理学上看，所谓我们自己也是意识的统一者。并且，现在从意识是唯一的真正的实在这种观点来看，这个自己就应该是实在的统一者。在心理学上，虽然说是作为这个统一者的自己是离开被统一的东西而另外存在的，但这样的自己不过只是抽象的概念。事实上自己不是离开物而存在的，我们自己就是宇宙实在的统一力本身。

至于精神现象同物体现象的区别，它们也绝不是两种实在。所谓精神现象是从统一的方面即主观的方面来看的；而所谓物体现象，则是从被统一的东西即客观的方面来看的。即只是从相反的两个方面来看同一实在而已。因此，如果从统一的方面来看，一切都属于主观而成为精神现象，如果抛开统一来想的话，则一切都成为客观的物体现象（唯心主义和唯物主义的对立就是由于固持这两方面中的一方面而发生的）。

其次，能动与被动的差别是从何发生的呢？所谓能动和被动也并不是说实在有这样两种区别，这仍旧是同一实在的两个方面。统一者始终是能动的，而被统一者始终是被动的。例如就意识现象来看，所谓我们的意志进行了活动就是说意志的统一的观念即目的已经被实现，也就是说统一已经成立了。此外凡是说精神进行了活动，就是说达到了统一的目的；说它未能进行活动而被其他东西统一了的时候，就叫做被动。在物体现象上也是一样，所谓甲对乙起作用，就是指在甲的性质中能够包含、总括乙的性质的情况而言的。因此，统一就是能动的真正意义，在我们处于统一的位置上时，是能动的和自由的。反之，在被其他物体所统一时，则是被动的和受必然规律支配的。

通常认为，在时间的连续上，在先的东西是能动者。但是时间上在先的东西未必全是能动者，能动者必须是具有力量的东西，而所谓力量就是指实在的统一作用而言。例如说，物体的运动是由运动力产生的，可是这个运动力就是指某些现象之间的不变的关系，因而也就是指联结综合这种现象的统一者而言。在严密的意义上，唯有精神才是能动的。

其次，就无意识与意识的区别来谈几句。主观的统一作用经常是无意识的，而成为统一的对象的东西则呈现为意识的内容。无论就思维或意志来看，真正的统一作用本身始终是无意识的。只有对它进行反省时，这个统一作用才作为一个观念而在意识上出现。但是，这时已经不是统一作用，而成为统一的对象了。如上所述，统一作用始终是主观的，因而必须永远是无意识的。有如哈特曼[①]所说的无意识就是活动一样，我们站在主观地位和处于活动状态时，总是无意识的。反之，在把某种意识当作客观对象加以意识时，那个意识就已经丧失活动。以某种艺术修养为例，在意识着一个个动作的时候，还不是真正的活的艺术，只有到达无意识的状态时才成其为活的艺术。

有人非难说，因为从心理学上看来精神现象都是意识现象，所以无意识的精神现象是不存在的。但是我们的精神现象不单纯是观念的连续，一定要有对它进行联结统一的无意识的活动，然后精神现象才能成立。

最后，就现象与本体之间的关系来看，也还是可以解释为实在的两个方面的关系。我们所说的物的实体就是指实在的统一力，所说的现象就是指它分化发展的对立状态而言。比方我们说，在

---

① 哈特曼(Hartmann，1842—1906)，德国唯心主义哲学家。——译者

这里存在着桌子的实体，这意味着我们的意识总要通过某种一定的结合来显示出来。在这里所说的不变的实体，就是指这个统一力而言。

这样说来，真正的主观就不得不说是实在的实体。但是我们通常却反而认为物体是存在于客观的。这是由于不考虑真正的主观，只考虑抽象的主观的缘故。这种主观是无力的概念，如说物的实体属于客观，倒是恰当的。但是，认真地说来，所谓离开了主观的客观也是无力的抽象概念。所谓真正活动的物的实体是作为使实在成立的根本作用的那种统一力，即必须是真正的主观。

第八章　自然

“实在”只有一个，但由于看法不同而呈现种种形状。一说起“自然”，往往就被认为是完全离开我们的主观而独立的客观实在。但是严密地说，这样的自然是抽象概念，绝不是真正的实在。因为，自然的实体仍然是主客未分的直接经验的事实。例如我们真的当作草木来思考的物体，是具有活生生的颜色和形状的草木，是我们的直觉的事实。只是在我们从这个具体的实在中暂时舍去了主观的活动方面来思考的时候，才会感到它仿佛是纯客观的自然似的。而科学家的所谓最严密意义上的自然，就是把这种想法极端化了的东西，因而是最抽象性的，即离开实在的真相最远的东西。

所谓自然，就是从具体的实在中舍去了主观方面，即舍去了统一作用的东西。因此自然中没有自己。自然只是按照必然的规律，由外部被推动的，它不能由自己自动地进行活动。因此自然现象的联结统一同精神现象上的一样，不是内在的统一，而只是在时间空间上的偶然联结。所谓用归纳法得出的自然规律，不过是说因为某两种现象是在不变的连续上发生的，所以假定一个现象为另一现象的原因。无论自然科学怎样进步，我们也不能得到更进一步的说明。只是说这个说明是精细的，并成为一般性的而已。

现代科学的趋势是尽量求其是客观的。因此便产生了这种情况：心理现象必须从生理上，生理现象必须从化学上，化学现象必须从物理上得到说明，而物理现象则须机械地予以说明。那么作为这种说明的基础的纯机械的说明是什么呢？所谓纯物质是我们完全不能经验到的实在，如果是多少能够经验得到的东西，就必须作为意识现象而出现在我们的意识上。然而作为意识的事实出现的东西都是主观的，并不能说是纯客观性的物质。所谓纯物质也没有任何能够捉摸的积极性质，而只有所谓空间、时间、运动这种纯数量的性质，因而只是像数学概念那样的完全抽象的概念而已。

物质作为充满空间的东西往往被认为是似乎能够直觉的，但我们所谓能够具体思考的东西的延长只是触觉及视觉的意识现象。在我们的感觉上看来很大，却未必能说是物质很多。在物理学上物质的多少，总是根据它的力量的大小来决定的，也就是说，这是从彼此的作用的关系来进行推理的，而绝不是直觉的事实。

又如上述那样，从纯物质方面来思考自然，那就没有动物、植物、生物的区别，一切都只能说是同一机械力的作用，因而自然现象便成为没有任何特殊性质及意义的东西了。人类、土块也就没有任何不同的地方了。但是我们实际经验着的真正的自然绝不是上述那种抽象概念，从而也不仅仅是同一机械力的作用。动物就是动物，植物就是植物，金石就是金石，都是分别具备特点和意义的具体事实。我们所谓山川草木鸟兽鱼虫，都是这种分别具备个性的东西。我们虽然可以从种种立场来对它们加以种种说明，但是这个被直接赋予的直觉事实的自然毕竟是不能动摇的。

我们通常把纯机械的自然当做真正的客观实在，把直接经验上的具体自然当做主观现象，这是从认为所有的意识现象都是自己的主观现象这种假定推论出来的想法。但是前面已经多次说过，我们是不能设想完全脱离意识现象的实在。如果因为与意识现象有关就认为是主观的，那么纯机械的自然也就是主观的。即所谓空间、时间和运动等如果离开我们的意识现象，也是不能设想的。它们只是比较地客观的，而不是绝对地客观的。

作为真正的具体实在的自然，如果完全没有统一作用，是绝不能成立的。自然中也具有一种自己。一棵植物也好、一只动物也好，它所表现的种种形态变化和运动，并不只是一些无意义的物质结合和机械运动；它们各自具备与其整体不能脱离的关系，因而可以看做是一个统一的自我的发现。例如动物的手足口鼻等与每个动物的生存目的都有密切关系，离开这种目的就不能解释它们的意义。至少在说明动植物的现象时必须这样假定自然的统一力。生物学家用生活本能来说明一切生物的现象。不仅生物有这种统一作用，就是无机物的结晶也已经多少呈现这个作用。也就是一切的矿物都具有特有的结晶形状。从这种无机物的结晶起，到动植物的有机体止，自然的自我即统一作用是越来越明显的（真正的自我只有到达精神的境地才能出现）。

从现代科学的严密的机械说明的立场来看，有机体的合乎目的的发展也毕竟必须用物理和化学规律来说明。也就是说，这不过只是偶然的结果。但是这种想法未免过于忽视事实，所以科学家便想用潜能这种假定来说明它。这就是说，生物的卵或种子中各具有使生物发生的潜能，这个潜能就相当于方才所说的自然的统一力。

在对自然的说明上，即使在机械力之外承认这种统一力的作用，这两种说明也是不矛盾的。相反，两者相辅，更能说明完整的自然。例如这里有一个铜像，以作为它的材料的铜来说，尽管是要服从物理化学的规律的，但是并不能把它只看做是一块铜，它是表现我们的理想的美术品，也就是依凭我们的理想的统一力而出现的东西。但是这个理想的统一作用与支配材料本身的物理化学规律各属于不同的范围，因而绝不会是互相抵触的。

有了上述统一的自己，然后自然才有目的，有意义，成为活的自然。作为这种自然的生命的统一力不是只由于我们的思维造成的抽象概念，相反是出现在我们的直觉上的事实。我们看到可爱的花、看到可亲的动物，就会立即在整体上掌握统一的某种东西。这就是这个物的自我和这个物的实体。美术家是在这种直觉上最敏感的人，他们一下子就能看破物的真相而掌握统一的某种东西。他们所表现的不是表面的事实，而是深深地潜藏于物的根基里的不变的实体。

歌德曾经埋头于生物的研究，成为今天的进化论的先驱者。根据他的说法，在自然现象的背后有所谓本源的现象（Urphänomen），诗人能直觉它。他说各种动植物就是属于这种本源现象的本源的动物和本源的植物变成的东西。在今天的动植物中都有一定不变的典型。他根据这个学说，进行了一切生物都由进化而来的论述。

那么,潜藏在自然背后的所谓统一的自我究竟是什么呢?我们总认为自然现象是与我们的主观无关的纯客观的现象,因而往往认为这个自然的统一力也是我们完全无法得知的不可知的某种东西。但是如前所述,真正的实在是主观客观没有分离的,实际的自然不只是客观方面那种抽象的概念,而是具备主客的意识的具体事实。因此那个统一的自我不是与我们的意识毫无关系的不可知的某种东西,而实际上就是我们的意识的统一作用本身。所以我们是依凭自己的理想和情意的主观的统一来理解自然的意义和目的的。例如我们能够充分理解动物的各种结构及其动作深处存在的根本意义,是用自己的情意直接对它进行直觉的结果,自己若是没有情意,就到底不能理解动物的根本意义。随着我们的理想及情意更趋深远广博,就越能理解自然的真意义。总之我们的主观的统一与自然的客观的统一力本来是相同的。如果从客观上来看,就是自然的统一力;如果从主观上来看,便是自己的知情意的统一。

所谓"物力"被认为是与我们的主观统一完全没有关系的。当然这也许是最无意义的统一,但这也不是完全脱离主观统一的。我们说物体之中有力量,而且能够发挥种种作用,这归根结柢就是意味着客观地观察自己的意志作用。

通常认为我们用自己的理想或情意来推断自然的意义只是类推,而不是千真万确的真理。这种想法是由于把主观客观分别思考和把精神与自然看成两种实在而发生的。如果从纯粹经验来说,把它们看成是同一的,倒是十分恰当的。

第九章　精神

乍然看来，自然似乎是脱离我们的精神而独立的纯客观的实在，其实并不是脱离主观的实在。如果从其主观方面即统一作用的方面来看，所谓自然现象都成为意识现象。例如这里有一块石头，如果把它当做是由于某种同我们的主观无关的、不可知的实在的力量而显现的东西时，那就成为自然。但是如果把这块石头当做直接经验的事实直接加以考察时，那就不单纯是客观上的独立的实在，而是我们的视觉、触觉等的结合，即通过我们的意识统一而成立的意识现象。因此。如果把所谓自然现象拉回到直接经验的根本上来看时，一切就都成为通过主观的统一而成立的自我的意识现象。唯心主义者之所以主张世界是我的观念，就是从这个立场来看的。

我们往往相信每个人在看同一块石头的时候都有同一的观念。其实，这是随着各人的性格与经验而不同的。因此具体的实在都是主观的、个人性质的，并没有所谓客观的实在。所谓客观的实在只是各人共同的抽象概念而已。

那么，我们通常与自然相对而言的精神又是什么呢？即所谓主观的意识现象究竟是什么呢？所谓精神现象，只是对实在的统一方面即活动方面抽象地加以思考的东西。如上所述，在实在的真景上，没有主观、客观、精神、物体的区别，但是在实在的成立上，一切必须有统一作用。这个统一作用固然不是脱离实在而特别存在的东西，但如我们把这个统一作用加以抽象化，使之与被统一的客观相对立来考察时，那就成为所谓精神现象了。例如这里有一个感觉。但是这个感觉并不是独立存在的，必然是与其他相对立而成立的。即与其他相比较、区别而成立的。这种比较区别的作用、也就是统一的作用，就是我们的所谓精神。因此，随着这个作用的进展，精神与物体的区别也就愈加显著。在儿童时代，我们的精神是自然性的，因而主观的作用是微弱的。随着年龄的成长，统一的作用日益加强，我们就逐渐自觉到从客观的自然中区别出来的自己的"心"了。

通常认为我们的精神是与客观的自然有所区别的独立的实在。但是，正如离开了精神上的主观统一的纯客观自然是抽象概念一样，离开了客观自然的纯主观精神也是抽象概念。有了被统一的东西，才有进行统一的作用。假如说真有能够感受外物作用的精神的本体，那也是说，有了活动的物才有感觉的心。不活动的精神本身同不活动的物体本身一样，是不可知的。

那么，为什么实在的统一作用会特别从它的内容，即被统一的东西中被区分出来，恰如独立的实在似的出现呢？这无疑地是由实在方面的种种统一的矛盾冲突而产生的。实在有各种不同的体系，即有各种不同的统一。当这个体系的统一相互发生冲突与矛盾时，这个统一便明显地出现于意识上。这就是说，有冲突矛盾存在的地方就有精神；有精神存在的地方也就有矛盾冲突。例如就我们的意志活动来看，在没有发生动机的冲突时是无意识的，即接近于所谓客观的自然的。但是随着动机的冲突愈益显著，便越能明确地意识到意志，并能自觉到自己的“心”。那么这个体系的矛盾冲突是从什么地方发生的呢？这是从实在本身的性质发生的。如前所述，实在一方面是无限的冲突，另一方面又是无限的统一。冲突是统一的不可缺少的一面。通过冲突，我们又前进到更大的统一。所谓实在的统一作用，即我们的精神对自己有所意识，这并不是在那个统一活动着的时候，而是在这种冲突的时候。

当我们精通了一种技艺的时候，也就是得到了实在的统一的时候，反而是无意识的，也就是不感觉到这个自己的统一的。但在想要进一步深入钻研的时候，便与已经得到的东西发生冲突，这时又成为有意识的，而意识就是永远从这种冲突中产生的。此外我们说精神存在的地方，必有冲突。这一点，让我们看看精神伴随着理想这件事，就可以明白。理想就意味着与现实之间的矛盾冲突（我们的精神是通过冲突而出现的，因而在精神上必有苦闷。厌世论者说世界是痛苦的，也有它一面的真理）。

如果认为我们的精神是实在的统一作用，那么一切的实在都有统一，也就不得不说一切的实在都有精神。这样说来，我们根据什么来分别非生物与生物或区别有精神的东西和没有精神的东西呢？严密地说，可以说在一切的实在上都有精神，又如上所述，在自然方面也有统一的自己，这就是和我们的精神相同的统一力。例如在这里出现了一棵树这种意识现象，通常总是把它当做客观的实在、认为它是通过自然力而成立的。但是如果把它当做形成意识现象的一个体系来看时，那就是通过意识的统一作用而成立的了。不过在所谓无心物方面，这个统一的自己还没有作为直接经验的事实而出现于现实中。树本身并未自觉到自己的统一作用，它的统一的自我存在于另外的意识之中，而不存在于树本身之中。这就是说，它只是从外面被统一的东西，还不是内在统一的东西。因此还不能说是独立自在的实在。动物则与此相反，其内在统一即自我已经出现于现实中，动物的各种现象（譬如它的形态、动作）都可以被看做是这个内在统一的表现。一切实在都是通过统一而成立的，但在精神方面，这种统一是作为明显的事实而出现的。因此实在只有在精神上才成为完全的实在，也就是成为独立自在的实在。

所谓没有精神的东西，它的统一是从外面赋予的，而不是自己内在的。因此会因为看的人不同而改变它的统一。例如通常认为有一个所谓“树”的这种被统一的实在，但从化学家的眼光来看，它却是一个有机的化合物，即只是元素的集合，也可以说另外没有什么树这种实在。但是我们不能这样来看动物的精神。虽然动物的肉体也可以和植物一样被看做是化合物，但精神本身却不能由看的人任意加以改变，无论人们怎样来解释它，事实上它总是显示着一个不可动摇的统一。

今天的进化论认为从无机物、植物进化到动物、到人类过程，这也可以说是实在逐渐把它所隐藏的本质作为现实而表现出来。只有在精神的发展中，构成实在的根本性质才能显示出来。莱布尼兹[①]说，发展（evolution）即内展（involution），就是这个意思。

作为精神的统一者的我们自己，本来就是实在的统一作用。某一派心理学认为我们的自我不过是观念和感情的结合，除了这些东西以外就没有自我。这只是单纯从分析的方面来看，而忘却了统一的方面。把一切事物分析起来看，就不能认识统一作用，但不能因此就无视统一作用。事物是通过统一而成立的，观念和感情也是由于统一的自我的力量才变成具体的实在的。那么这个统一力即自我是从何而来的呢？归根结柢，这就是实在统一力的发现，也就是永久不变的力。我们的自我之所以经常感到创造性的和自由的、无限的活动，就是这个缘故。如上所述，我们在内心进行反省时，往往感到似乎有自我这样一种感情，这并不是真正的自我。这种自我是不能进行任何活动的。只有当实在的统一在内心进行活动的时候，我们才感觉到按自我的理想支配实在和自我在进行着自由活动。并且因为这个实在的统一作用是无限的，所以我们才感到自我是无限的，似乎包容宇宙。

从我以前所依据的纯粹经验的立场来看，在这里所说的实在的统一作用也许会被认为只是抽象的观念，而不是直接经验的事实。但是我们直接经验的事实并不是

① 莱布尼兹（G. W. Leibniz，1646—1716），德国科学家，数学家，唯心主义哲学家。——译者

观念和感情，而是意志活动，这种统一作用是直接经验的不可缺少的因素。

在这以前，我们总是把精神同自然对立起来看的，现在我想就精神同自然的关系问题略加论述。人们往往认为，我们的精神作为实在的统一作用，似乎是与自然无关的特殊的实在，其实离开被统一的东西就没有统一作用，离开客观的自然也就没有主观的精神。我们所谓认识事物，不过是说自我与事物相一致而已。在看见花的时候，就是自我成为花了。所谓对花加以研究和阐明它的本性，就是抛弃自我的主观臆断而与花的本性相一致的意思。再就理来看的时候，理绝不是我们主观上的空想。理不仅是万人共同的，而且实际是客观的实在由之而成立的原理。不可动摇的真理经常是由于消灭我们的主观的自我并成为客观而得到的。总之，所谓我们的知识变得深远，就是说符合于客观的自然的意思。不仅知识是这样，就是在意志方面也是这样。纯主观是一事无成的。意志只有服从客观的自然才能得到实现。要想使水流动，必须顺从水的本性，要想支配人，必须顺从人的本性，要想支配自己，也必须顺从自己的本性。我们的意志越成为客观的，就越有力量。释迦牟尼和耶稣在千年之后还有感动万人的力量，就是因为他们的精神是很客观的。因此无我的人，即消灭自我的人才是最伟大的人。

通常把精神现象与物体现象按内外加以区分，认为前者在内，后者在外。这种想法是从认为精神存在于肉体之中这种武断发生的。但从直接经验来看，一切都是同一的意识现象，并没有内外的区别。我们单纯称之为内在的主观精神的东西乃是极其表面性的微弱的精神，也就是个人的空想。反之，伟大而深远的精神是符合宇宙真理的宇宙的活动本身。因此在这种精神上自然带有外界的活动，想不要它活动也是不行的。美术家的灵感就是一个实例。

最后稍为谈一谈人心的苦乐：一言以蔽之，当我们的精神处于完全的状态即统一的状态时就是快乐；处于不完全的状态即分裂的状态时就是痛苦。如上所述，精神是实在的统一作用，但在统一的里面必然伴随着矛盾冲突。在发生矛盾冲突的时候，人们经常是痛苦的。无限的统一的活动就是想要摆脱这种矛盾冲突而达到更大的统一。此时在我们的心里产生种种欲望，也产生理想。而在达到更大的统一的时候，就是我们的欲望或理想得到满足的时候，就成为快乐了。因此快乐的一面必然伴有痛苦，痛苦的一面必然伴有快乐。可见人心是不能达到绝对快乐之境的，但是只要努力求其客观，并与自然一致，就能保持无限的幸福。

心理学家认为帮助我们生活的是快乐，妨碍我们生活的是痛苦。所谓生活就是生物的本性的发展，即维持自己的统一；因此，这也就等于说，帮助统一的是快乐、妨碍统一的是痛苦。

如上所述，精神是实在的统一作用，大的精神是与自然一致的。因此我们把小我当做自我的时候就痛苦多；随着自我的增大，以至于与客观的自然趋于一致，就成为幸福了。

第十章　作为实在的神

根据以上的论点来看，我们称之为“自然”或“精神”的东西并不是完全不同类的两种实在。归根结柢是由于对同一实在的看法不同而发生的区别。如果深刻地理解自然，就应当承认在它的根基里存在着精神的统一，并且所谓完全的真正的精神必须是与自然合一的精神，也就是在宇宙中只存在着一个实在。而这个唯一的实在，如前所述，一方面是无限的对立冲突，一方面又是无限的统一，用一句话来说，就是独立自在的无限的活动。我们称这个无限的活动的根本为“神”。所谓神绝不是超越这个实在以外的东西，实在的根基就是神。没有主观和客观的区别、精神与自然合一的东西就是神。

不论任何时代或任何人民都有“神”这个名词。不过由于知识程度及要求的差异而被理解为种种意义。多数宗教家认为神存在于宇宙之外，而且是支配这个宇宙的伟大人物那样的东西。但是这种对神的想法是很幼稚的，这不仅和今天的科学知识相矛盾，即使在宗教上，我想这种神和我们人类之间也是不能在内心取得亲密的一致的。但是也不能像今天走向极端的科学家那样，认为物体是唯一的实在，物力是宇宙的根本。如上所述，在实在的根基里有精神的原理，这个原理就是神。这和印度宗教的根本要义一样，Atman（我）与Brahman（婆罗摩）是同一的。神就是宇宙的伟大精神。

从古以来为了证明神的存在，曾有各种不同的论点。有人说，这个世界不能是由无开始的，必须有什么创造这个世界的东西，因而就说世界的创造者是神。即根据因果律把这个世界的来由归之于神。又有人说，这个世界不是偶然存在的，而是一个个具有意义的东西，即按照某种一定的目的而组织起来的东西；并且以此事实为根据，进一步认为必须有一个提供这种组织的东西，而这种宇宙的指导者就是神。也就是把世界与神的关系看成是艺术作品与艺术家之间的关系似的。这些人都是想从知识方面证明神的存在，并且来确定神的性质。此外还有些人想完全脱离知识而从道德的要求上来证明神的存在。根据这些人的说法，在我们人类之中存在着道德的要求，即存在着良心。因而如果在这个宇宙里没有劝善惩恶的大主宰者，那么我们的道德就会成为无意义的，因此必须承认作为道德维持者的神的存在。如康德等就是这样的主张者。但是这些说法是否确能证明真正的神的存在呢？如果像这样以因果律为根据，认为世界必须有一个来由，所以就必须承认神的存在，那么为什么不能进一步寻求神的来由呢？如果说神是无始无终，并且没有来由也能存在的话，为什么不能说这个世界也是那样存在的呢？其次，如果从世界是服从某种目的而适当地组织起来的这点出发，推论到必须有全知全能的统治者的话，那就必须证明宇宙的万物实际上都是合乎目的而造成的，而这却是很困难的事。如果说不能证明这点便不能证明神的存在，那么神的存在就是很

不确实的了。也许会有人相信它的，但也许有人就不相信它了。进一步说，即使这种情况得到了证明，我们也可以认为这个世界是这样偶然合乎目的而造成的。要想从道德的要求来证明神的存在，那就更软弱无力了。假如说有所谓全知全能的神来维持我们的道德的话，无疑我们的道德就一定能够得到伟大的力量。但是却不能认为因为在我们的实践上这样想是有益的，从而就证明说必须有这种东西。这种想法只能认为是一种方便之计。以上这些说法都是想间接地从外面来证明神的存在，而不是把神本身放在自我的直接经验上来直接证明它。

那么怎样能够在我们的直接经验的事实上找到神的存在呢？在受到时间空间束缚的渺小的我们的胸怀中，也潜藏着无限的力量，也就是潜藏着无限的实在的统一力。由于我们有这种力量，所以能够在科学上探求宇宙的真理，能够在艺术上表达实在的真意，能够在自我的心底认识到构成世界的实在的根本，也就是能够捉摸到神的面目。人心的无限自在的活动就证明了神本身。柏姆[①]所说的"用内向的眼(umgewandtes Auge)看神"就是这个意思。

如果从外界的事实来寻求神，神就总不免是假定的。另外，存在于宇宙之外的称为宇宙创造者或指导者这样的神，也不能说是真正的绝对无限的神。上古时代的印度宗教和十五、六世纪在欧洲盛行的神秘学派在内心的直觉上来寻求神，我认为这是最深刻的关于神的知识。

那么神是以什么形状存在的呢？从一方面来看，有如库斯的

① 柏姆(J. Böhme，1575—1624)，德国神秘主义哲学家。——译者

尼古拉[①]等人所说的那样，神是一切的否定；凡是能够指明肯定的东西，即能够捉摸的东西就不是神；如果是能够指明而加以捉摸的东西，就已经是有限的，从而不能成为对宇宙进行统一的无限的作用。[②] 从这一点来看，神就完全是无。但是我们是否能说神单纯就是无呢？绝不能这样说。因为，构成实在的根基里有明显的不可动摇的统一作用在活动着，而实在确实是通过它成立的。例如三角形的各角的总和等于两个直角，这个道理在什么地方呢？虽然我们既看不到、又听不到理这个东西，但是在这里不是无可争辩地存在着不可动摇的理吗？又如观赏一幅名画时，我们能够在它的整体上看到神韵缥缈、灵气袭人的东西，可是要想从它的一物一景里找出所以然来，却是无论如何做不到的。神就是在这些意义上的宇宙统一者和实在的根本。只是因为它经常是无的，所以它又是无处不有、无处不在活动的。

正如不懂得数理的人，无论怎样也不能从深远的数理得到任何知识，不懂得美的人，无论看怎样美妙的名画也不能使他受到任何感动一样，平凡而浅薄的人总认为神的存在似乎是空想，并且感到似乎没有任何意义，从而把宗教等看做是无用的。想认识真正的神的人，必须相应地锻炼自己，使自己具有能够认识神的眼光。这样的人便能作为直接经验的事实感到，在整个宇宙中有神的

① 库斯的尼古拉（Nicolaus Cusanus，1401—1464）是从经院哲学过渡到近世哲学的最大哲学家，又是神秘主义哲学家。——译者

② 库斯的尼古拉：《学术上的无知》（*De docta ignorantia*），第 24 章。

力量，像名画中的画家精神那样在活跃着。这就叫做“见神[①]的事实”。

根据上述，也许有人会感到，神是实在统一的根本似的、冷静的哲学上的存在，它和我们的温暖的情意活动似乎没有任何关系。但实际上绝不是这样。如前所述，我们的欲望是通过寻求大的统一而发生的，在达到这个统一的时候就是喜悦。所谓个人的“自爱”，毕竟只是这种统一的要求而已。因此，我们的精神本来是无限的，就绝不会满足于个人的自我的统一，而必须更进一步寻求更大的统一。因为我们的大我包含了别人和自己在内，所以就要向别人表示同情和寻求别人同自己的一致统一。我们的所谓“他爱”，就是这样发生的超个人的统一要求。因此我们会在“他爱”中感到比“自爱”更大的平安和喜悦。并且作为宇宙的统一的神实际上就是这种统一活动的根本，是我们的爱的根本和喜悦的根本。神就是无限的爱、无限的喜悦和平安。

① “见神”是感知神的本体的意思。——译者

第 三 编

善

第一章　行为(上)

上面已经大致说明了什么是实在这个问题，以下想来讨论我们人类应该做些什么、所谓善究竟是什么，以及人类的行动应该归宿到什么地方这样一些实践问题。因为人类的各种实践方面的现象都可以总括在行为里面，所以想在论述这些问题之前，先来研究行为是什么这个问题。

所谓行为，如果从外部来看，就是肉体的运动，但是这和单纯的水流或石落这些物体运动是不相同的。它是一种有意识的和有目的的运动。可是又必须把它和那些只出现在有机体上的有目的而毫无意识的各种反射运动，以及那些可以在较高等的动物身上看到的有目的并有少许意识，但目的尚未明确被意识到的本能的动作，加以区别。所谓行为是指它的目的被明确意识到的动作而言。我们人类也具有肉体，所以既有种种物体的运动，又有反射运动和本能的动作，但是可以称之为特殊的自我的作用的就只有行为。

这种行为，在很多情况下是带有外界的运动即动作的，但因其主要部分是内在的意识现象，所以下面要来讨论一下心理学上的行为究竟是什么意识现象的问题。所谓行为，如上所述，就是从被意识到的目的产生出来的动作，即所谓有意识的动作。可是我们通常所说的行为，是包括外界的动作而言，所说的意志，主要是指内在的意识现象，所以现在讨论行为的意识现象就等于是讨论意志。那末意志究竟是怎样产生的呢？原来我们身体的组成，大体上是为了保持和发展自己的生命，而进行适当的运动，意识也就是随这种运动而产生的，起初是单纯的苦乐之情。但是随着对于外界的观念逐渐明了，并且联想作用也活跃起来，前述运动并不对外界的刺激无意识地发生，而是首先想到结果的观念，接着发生可以成为其手段的运动的观念，然后转变成运动，这就产生了意志。因此意志的产生必须先有运动的方向，从意识上来说，即必须先有决定联想方向的肉体上或精神上的因素。这种因素在意识上表现为一种冲动的感情。由于不管它是先天的还是后天的，反正可以被称为意志的力量，这里就姑且把它叫做“动机”。其次，通过经验而得到的和通过联想而引起的结果观念、即目的，详细地说，即所谓目的观念，必须伴同上述动机在一起。这时意志的形态才逐渐形成，因此我们把它叫做“欲望”，也就是意志的第一步。如果只有一个欲望的时候，它就附带着运动观念发展为动作，但如有两个以上的欲望时，就要出现所谓欲望的竞争，其中最有力的欲望就占据意识的主要位置，而发展为动作。我们把它叫做“决意”。我们所谓意志就是指这种意识现象的全体而言，但有时从狭义来说，也指即将移向动作的瞬间的作用，或者特别指决意而言。行为的主要部分其实就是这种内在意识现象的意志，外部的动作并不是它的主要部分。因此即使由于某种障碍没有产生动作，但只要具有完整的意志时，也可以称之为行为；反之即使产生了动作，如果没有充分的意志，也不能叫做行为。如果意识的内在活动变得活跃时，就从头开始产生出来以意识内的事件为目的的意志。在这种场合，当然也可以叫做行为。虽然心理学家对它们作了内外的区分,但是作为意识现象来看,实具有完全相同的性质。

以上只论述了构成行为主要部分的意志的过程。现在要进一步来说明意志是什么性质的意识现象,以及意志在意识中占有什么地位。从心理学上来看,意志是观念统一的作用。即属于统觉之一种。意识上的观念结合作用有两种:一种是观念结合的原因主要在于外界事物,在意识上结合的方向不明显,有被动的感觉,因而把它叫做"联想";另一种是结合的原因在于意识内部,结合的方向可以明显地被意识着,而且令人感到意识是能动的结合,所以把它叫做"统觉"。如前所述,所谓意志就是先有决定观念结合方向的目的观念,然后在得自已往经验的各种运动观念中构成适合于自我实现的观念的结合,这完全是一种统觉作用。这样所谓意志就是观念统一的作用,在欲望竞争的情况下就更加明显。所谓"决意"不过是这种统一的终结而已。

既然如此,这种意志的统觉作用同其他统觉作用又有什么关系呢?除意志之外,思维和想象的作用也同属于统觉作用。这些作用也是把某种统一的观念当做根本,然后把观念统一起来,以求符合其目的。因此,在观念活动的形式上,它和意志是完全相同的。只是由于统一的目的不同,从而统一的规律各异,所以它们才被认为是不同的意识作用。现在再进一步来探讨它们之间的同异之点:首先把想象和意志来比较一下,想象的目的是模仿自然,意志的目的则是本身的运动。所以想象是为了符合自然的真正状态而统一观念,意志则是为了符合自己的欲望而统一。但如仔细思考,就可以知道,在意志的运动以前,必须首先一度想象这种运动,并且为了想象自然，又必须自己先站在那种事物的立场上去进行思考。只是所谓想象总是在想象外物，自己无法完全同它一致，因而就会感到那不是自我的现实。这就是说，想象某一件事和实行这件事总会令人有不同的感觉。不过，更进一步思考，又可以知道这只是程度上的差别，而不是性质上的差别。如美术家的想象，当想象达到入神的境域时，自己就完全融化于其中，和物完全趋于一致，并感到物的活动就是自己的意志的活动似的。其次再把思维和意志比较一下。思维的目的在于真理，支配其观念结合的规律是逻辑的规律。同时我们认为，真理不一定是我们的意志所在，意志所在也未必就是真理。而且思维的统一仅仅是抽象概念的统一，意志和想象则是具体观念的统一。在这些点上思维和意志之间乍一看来有明显的区别，谁也不会把它们混同起来。但如严密地加以思考，就可以看出，这种区别并不是那样明显和不可动摇。在意志的背后总是潜藏着相当的理由。尽管那种理由并不完整，而意志总是在某种真理上活动，即通过思维而成立的。与此相反，如王阳明所主张的知行合一那样，真正的知识必须伴随着意志的实行。所谓自己虽然那样思维但却不那样希望，这是由于还没有真知的缘故。由此可见，思维、想象和意志这三个统觉在其根本上都是同一的统一作用。其中思维和想象是对物和自己全都有关的观念的统一作用，而意志只是特别与自己的活动有关的观念的统一作用。与此相反，前者只是理想的即可能的统一，后者则是现实的统一，也可以说是统一的极点。

以上已经概略地论述了意志在统觉作用中的地位，现在我要来谈谈它和别的观念结合，即和联想及融合之间的关系。关于联想,前面曾经说过决定其观念结合的方向的因素存在于外部而不在内部。然而这只是从程度上来谈的。以联想来说,也不能说它的统一作用完全不在内部。只是不明显地出现于意识上而已。至于融合,其观念的结合更是无意识的,甚至连结合作用也意识不到,但却绝不能说它没有内在的统一。总之,一切意识现象都具有和意志相同的形式,也可以说都是某种意义上的意志。如果把成为这些统一作用的根本的统一力叫做"自我"的话,那么意志就是在这里面把自我表现得最明显的东西。因而我们在意志活动中最能明显地意识到自我。

第二章　行为(下)

以上从心理学的见地论述了行为是什么意识现象,现在要来讨论作为行为的根本的“意志的统一力”是从哪里发生的和这个力量在实在方面具有什么意义的问题,并阐明哲学上的意志与行为的性质。

根据某一既定目的、从内部来统一观念的所谓意志的统一究竟是从哪里发生的呢?如果从科学家认为物质之外别无实在的立场来看,也许只好认为这个力量是从我们的身体发生出来的。我们的身体和动物的一样,是构成一个体系的有机体。动物的有机体,不管它有无精神存在,总能通过神经系统的中枢机械地进行各种有秩序的运动,即能进行反射运动、自动运动以及更复杂的本能动作。我们的意志本来也是从这些无意识的运动发展起来的,就是现在意志受到训练时,也还会恢复这些无意识运动的状态,因此我们只能认为它是根据同一力量发生出来的同一种运动。并且由于有机体的各种目的最后都是为了维持和发展它自己和自己所属的种类的生活,所以我们的意志的目的也不外是维持生活,只是由于意志的目的是被意识着的,所以看来似乎与别的有机体的目的不同。因此科学家们甚至企图从这种生活的目的来说明我们人类的各种高尚的精神上的要求。

然而像这样想从物质力那里来寻求意志的本原,并企图只从生活的欲望来说明深远微妙的人生要求,这是十分困难的。即使认为高尚意志的发展同时要伴随着生活作用的活跃,但最高的目的也只能在于前者,而不会在于后者。而后者似乎不得不认为是前者的手段。我们姑且把这些论点留待以后讨论,如果像科学家所说的那样,我们的意志是由有机体的物质作用而发生的,那就应该先假定物质是有什么能力的东西了。关于有机体的合乎目的的运动发生于物质这点,有两种见解:第一种把自然看成是合乎目的的东西,像生物的种子一样,在物质里面也潜藏着合乎目的的力量;第二种把物质看成只有机械力,认为一切合乎目的的自然现象都是偶然发生的。科学家的严密的见解倒是属于后者,而我却认为这两种见解是相同的,绝对不是连基础都不相同的。即使是后一种见解,也不能不假定在某处存在着一种产生一定不移的现象的力量。要产生机械的运动,就必须假定产生这种运动的力量潜藏于物体之中。如果可以这样说的话,为什么就不能根据同样的理由认为物体之中潜藏着有机体的合乎目的的力量呢?或许有人说,对于有机体的合乎目的的运动这种问题,就是不假定那种力量,也能用更简单的物理化学规律予以解释。但是这样说来,甚至今天的物理化学规律是否可以用更加简单的规律来解释也未可知。不,因为知识的进步是无限的,这必须是能够加以解释的。这样想来真理就只是相对的了。我倒是反对这种想法。我认为应该把综合放在比分析更重要的地位上,认为合乎目的的自然由各个的分立趋向综合,有步骤地发挥自己的真意,这才是最妥当的看法。

此外,根据我以前谈过的对实在的看法来说,所谓物体只是给

意识现象的不变关系加上的名称，不是物体产生意识，而是意识创造物体。就是所谓最客观的机械的运动也是通过我们的逻辑的统一而成立的，绝不是脱离了意识的统一的。随着它的由此向前发展成为生物的生活现象，更进一步成为动物的意识现象，这种统一就愈趋活跃，包括的方面愈多，并且更加深远。意志是我们意识的最深远的统一力，又是实在统一力的最深远的表现。从外面看去只是机械的运动或生活现象的过程，而其内在的真正意义却是意志。正如我们曾经认为只是木石的，而其真正意义则是慈悲圆满的佛像或勇气十足的哼哈二将。所谓自然乃是意志的表现，因此我们可以通过自我的意志掌握玄奥的自然的真正意义。当然，如果把现象分成内外，把精神现象和物体现象看做完全不同的现象时，上述观点也许会被认为只是空想，但是直接经验的具体事实并无内外之分，所以这种看法却是直接的事实。

上面所述和科学家那种把物体的机械的运动和有机体的合乎目的性看做与意志是根本相同、作用相同的见解，这两种说法是一致的。但是两说的根本所在却恰恰相反。一个是把物质力量当做根本，另一个却把意志当做根本。

根据这种看法，虽然前面曾把行为分析为意志和动作两个方面，但这两者之间并不存有因果关系，而是同一物的两面。动作是意志的表现。即从外面来看是动作的东西，从内面来看就是意志。

第三章　意志的自由

从心理上来说，意志只是意识的一个现象，但从其本体来说，却是实在的根本。我们已经讨论过这个问题，现在想来讨论一下这个意志在什么情况下才是自由活动的问题。关于意志究竟是自由的还是必然的这个问题，很久以来就使学者们感到头痛。现在加以讨论，不仅在道德上是重要的，而且可以由此阐明意志的哲学性质。

首先，从我们的一般看法来说，没有一个人不认为自己的意志是自由的。就以自己所经验的自我意识来讲，在某一个范围之内，既可以做某件事情，也可以不做。这就是说，认为在一定范围之内是自由的。因此才产生了负责任、不负责任、自负、后悔、赞赏、责难等念头。但是我们有必要对所谓一定范围这点稍加探讨。凡是属于外界事物的，我们就不能加以自由支配。就连自己的身体，也不能说在任何情况下都能自由加以驱使。随意肌的运动看来是自由的，但如一旦得病，就不能自由活动。因此所谓可以自由驱使不过是自己的意识现象。不过，即或是自己意识之内的现象，我们也没有重新创造观念的自由；甚至对于一度经验过的事情，也没有随时忆起的自由。真正可以认为是自由的，只有观念结合的作用。即如何分析观念，如何综合观念才是属于自己的自由。当然，就是在这种情况下，观念的分析综合也有着不可动摇的先在的规律，并不能为所欲为。并且在观念之间的结合是唯一的，或某种结合特别强的时候，我们还必须服从这种结合。只有在观念成立的先在规律的范围之内，而且在观念结合上有两种以上的途径，它们的结合强度又不具有强迫性的情况下，才有完全的选择自由。

主张自由意志论的人，多数是以这种内在经验的事实为根据而立论的。他们认为，在上述范围之内，选择和决定动机完全属于我们的自由，除我们以外别无其他理由。并认为这种决定由来于一种与外界事物或内在的气质、习惯、性格相独立的意志这样的神秘力。即认为在观念结合之外，还有一种支配它的力量。与此相反，主张意志必然论的人，大致以外界事实的观察为根本，并从此进行推论。他们认为，宇宙的现象没有一样是偶然发生的，就连极其微小的事情，若是细加以研究，也一定有它相当的来由。这种观点是一切学术的根本思想，而且随着科学的发展日趋确实。在自然现象里那些一向被认为神秘的东西，现在其原因与结果也逐一明确起来，达到了可以用数学来计算的地步。如果说今天，还有被认为没有原因的东西，恐怕就只是我们的意志了。不过，意志也是难以脱离这个不可动摇的自然大规律的。今天我们认为意志是自由的，这毕竟是由于科学的发展还幼稚，不能将事物原因一一解释清楚的缘故。不仅如此，即就意志的动作来说，在各个的情况下，似乎是很不规则的，乍然看来，好像没有一定的原因似的；但如用统计的方法去考察多数人的动作，就会发现它竟是出乎意外地井然有序，绝不能认为这里没有一定的因果关系。这些看法使我们更加相信意志是有来由的；使我们可以得出这样结论：我们的意志和一切自然现象一样是受着必然的机械的因果规律支配的，另外并没有意志这样一种神秘的力量。

那末，在以上两种相反的论点中，到底哪一种是正确的呢？如前所述，极端的自由意志论者认为既没有任何原因，也没有任何理由，只有一种自由决定动机的神秘的力量。但如在这种意义上主张意志的自由，就完全错误了。在我们决定动机时，总要有相当的理由。纵然这种理由没有明显地出现在意识上，但是在意识底下也一定有某种原因存在。此外，如果像主张这种论调的人所说的那样，决定动机的没有任何理由，完全是偶然的话，那么我们在这个时候就不会感到意志的自由，相反可以认为是偶然发生的事件从外面来进行活动的，因而对它的责任感是淡薄的。自由意志论者说他们是以内在的经验为基础而立论的，但是内在的经验却证明了相反的事实。

以下想对必然论者的论点稍加批判。必然论者认为自然现象受机械的必然规律所支配，因而意识现象也应当如此。这种论点一向是以下述假定为根据的：即意识现象和自然现象（换言之，即物体现象）是相同的，必须受同一规律支配。可是这种假定果真是正确的吗？意识现象与物体现象是否应当受同一规律支配这点还是未定之论，建立在这种假定上的论点就不能不说是十分薄弱的。即使假定说今天的生理心理学已经非常进步，可以运用物理、化学的方法来一一解释作为意识现象的基础的脑的作用，可是因此是否就能主张意识现象必须受机械的必然规律支配呢？例如构成一座铜像的材料的铜或许是不能脱离机械的必然规律的支配的，但是这座铜像所表现的意义难道不是存在于它的支配之外吗？所谓精神上的意义是一种看不见、听不见，又不能数的东西，因而应该说是超然于机械的必然规律之外的东西。

总之自由意志论者所说的那种完全没有原因和理由的意志是哪里也不存在的。那种偶然的意志绝对不会使人感到自由,反而使人感到受强迫。当我们根据某种理由进行活动,即根据自我的内在性质活动时,反而会感到是自由的。也就是说在从自己的最深的内在性质产生动机的原因时才最感到自由。然而这种所谓意志的理由并不是必然论者所说的机械的原因。我们的精神方面有精神活动的规律。当精神根据自己本身的规律活动时才是真正的自由。自由有两种意义:一种是完全没有原因的,即与所谓偶然有着同样意义的自由;另一种是自己不受外物的束缚,自动地进行活动的自由。这就是必然的自由。所谓意志的自由是指后一种意义的自由。不过在这里将会产生下面这样的问题:如果认为根据自己的性质进行活动是自由的,而万物无不依从自己的性质进行活动,如水的流动和火的燃烧都是这样;那末,为什么要把别的活动当做是必然的,而仅仅把意志当做是自由的呢?

在所谓自然界里,某一现象的发生都是根据它的情况受到严格规定。根据某种一定的情况,只能产生某种一定的现象,其他可能性丝毫也不允许存在。自然现象都是这样按照盲目的必然规律发生的。然而意识现象却不只是发生的,而是被意识了的现象。即不仅发生,而且自己知道它的发生。这里说的知道或意识就是包含其他可能性的意思。例如我们意识到拿一件东西,在它的背面就包含“不拿”这种可能性。更详细地说,意识必须具有一般的性质,即意识具有理想的因素。否则就不是意识。所谓具有这些性质,就是在现实的这类事件之外还有其他的可能性。既是现实,又包含理想;既是理想,又不脱离现实;这就是意识的特性。真实地说，意识绝对不是受他物的支配，而是经常支配着他物的。因此，尽管我们的行为是按照必然规律发生的，但是我们因为知道它，所以并没有被这种行为所束缚。如果从作为意识基础的理想方面来看，这种现实只是理想的一种特殊例子。即不过是理想的一种自我实现的过程。这种行为不是来自外面，而是出自内部的。并且正由于这种把现实看成仅仅是理想的一种例子，这就意味着除此之外还包含着很多的可能性。

因此我们说意识的自由，并不是由于它冲破了自然规律偶然地进行活动。所以说它是自由，相反，是因为它顺从自己的自然才说它是自由。也就是说，并不是没有理由地进行活动就是自由，倒是因为熟知理由才是自由。随着知识的进展，我们将越来越可能成为自由的人。人们虽然受到外物的抑制或压迫，但是因为能够认识它，所以就是处于压抑之外的。如果能够进一步好好体会到它的不得已的原因，就可以使压抑反而成为自己的自由。例如和毒杀苏格拉底的雅典人相比，不如说苏格拉底才是自由的人。巴斯加尔也说过：虽然人像芦苇一样柔弱，但人是能够思考的芦苇；纵令整个世界都想消灭他，但由于他自己知道自己的死亡，所以他比杀人者更为高尚。

如在实在编中所述，作为意识的基础的理想因素，换言之，即统一作用这种东西，并不是自然的产物，反之自然却是通过这种统一而成立的。这实际是作为实在的根本的无限力量，不是用数量所能限定的。这是完全存在于自然的必然规律以外的。我们的意志正是这种力量的表现，所以是自由的，不受自然规律的支配。

第四章　价值的研究

凡是观察现象或事件都可以从两点去进行：一是探讨怎样发生的，以及为什么非那样不可的原因或理由；二是研究它为了什么发生的，即发生的目的。假定这里有一朵花。如果问它是怎样产生的，就一定要说它是根据植物和四周的情况，按照物理的和化学的规律产生出来的；若问它为了什么，就要说它是为了结果实。前者只是研究物的成立规律的理论性研究，后者乃是研究物的活动规律的实践性研究。

在所谓无机界的现象里面，虽然有为什么发生的问题，却没有为了什么的问题，也就是说没有目的可言。但是在这种场合，也可以说目的和原因是同一的。例如在台球桌上用某种力量朝某一方向打球，台球一定要朝一定的方向转去，这时球是没有什么目的的。或许可以说打球的人是抱有某种目的，但这并不是球本身的内在的目的，球是由于外界的原因而必然地被转动的。但如再从另一方面去想，正因为球本身有那样的运动力，它才朝一定的方向转动。如果从球本身的内在力量来说，也可以把它看成是实现自己的合乎目的的作用。再进一步以动植物来说，随着自己的内在目的之明显化，其原因和目的就可以被区别开来。在动植物身上发生的现象是根据物理和化学的必然规律产生的，同时并不是完全没有意义的现象，而是以生物整体的生存及发展为目的的现象。在这种现象中，作为某种原因的结果而发生的却并不一定是合乎目的的，整体的目的有时与一部分现象发生冲突。那么究竟什么现象最符合目的呢？为了解答这个问题，我们就有必要来研究现象的价值。

在生物现象上，如果只把它的统一的目的看成是我们人类从外面加上去的想象而予以舍弃，也不是不可能的。即也可以把生物现象只看成是若干力量集聚而成的无意义的结合。唯独我们的意识现象就绝对不能看成是那样。这种意识现象一开始就不是无意义的因素的结合，而是统一的一个活动。如果从思维、想象、意志的作用中除去其统一的活动，这些现象就要消灭。关于这些作用，首先要研究的，与其说是怎样发生的问题，倒不如说是怎样思考、怎样想象和应该怎样做的问题。从这里就产生出逻辑、审美、伦理的研究。

在某些学者中，也有人企图依据存在的规律引申出价值规律。但是我们认为，单凭从一件事物产生另一事物是无法引申出判断事物价值的规律来的。红花结这样的果，蓝花结那样的果，从这种因果规律并不能说明为什么这种花好看和那种花不好看，也不能说明为什么这一种具有很大的价值，另一种却没有价值。因此要判断它们的价值，就必须另外具有可充作标准的原理。我们的思维、想象、意志之类的东西，既然作为事实发生了以后，无论是多么错误的思维，多么坏的意志或多么拙劣的想象，都是根据一定的原因产生出来的。杀人的意志也好，救人的意志也好，都是由于某种必然的原因而产生的，又产生必然的结果。在这点上两者毫无优劣之分。只是由于这里存在着良心的要求和生活欲望之类的标准，才在这两种行为之间产生出互大的优劣的差别。有人解释，凡是给人们带来大的快乐的就具有大的价值，从而认为可以从因果规律引申出价值规律来。但是为什么某种结果给我们带来快乐，某种结果就不能给我们带来快乐呢？这不是单只用因果规律所能解释得了的。我们爱好什么，厌恶什么，这是另外具有根据的直接经验的事实。心理学家说增进我们的生活力的就是快乐。可是为什么增进生活力就是快乐呢？厌世者不是认为生活就是痛苦的根源吗？还有人认为，有力量的就是有价值的。可是对人心来说，究竟什么是最有力量的呢？我们不一定能说在物质上有力量的东西对人心也有力量。对人心有力量的东西是最能引起我们的欲望的。即对我们是有价值的东西。因此不是根据有力量与否去决定价值，倒是根据价值去决定是否有力量。我们的一切欲望和要求都是不能说明的、被赋予的事实。我们说为了生存而吃东西；实际上所谓为了生存乃是后来附加的说明。我们的食欲并不是根据这种理由产生的。婴儿最初开始吃奶也不是由于这种理由，只是为了吃奶而吃奶。我们的欲望或要求不仅是不能这样加以解释的直接经验的事实，而且相反是我们要通过它去理解实在真意的诀窍。要完整地说明实在，只说明它怎样存在是不够的，还必须说明它为什么存在。

第五章　伦理学的各种学说(其一)

以上已经论述了关于价值的研究,现在要来讨论一下什么是善。如前所述,我们要对我们的行为进行价值判断,那么,这种价值判断的标准究竟在哪里呢? 什么行为是善,什么行为是恶呢? 现在就来论述这样一些伦理学上的问题。对我们说来,这些伦理学上的问题是十分重要的。任何人都不能不过问这种问题。不论在东方或西方,伦理学都是最古老的学问之一,而且自古以来伦理学就有各种学说,因此我想首先列举这门学问中的一些主要学派的要领,并加以批评,以便明确我在伦理学说上所采取的立场。

古来的伦理学说大致可以分为两种:一种叫做他律的伦理学说,把善恶的标准放在人性以外的权力上;另一种叫做自律的伦理学说,想在人性之中寻求善恶的标准。此外还有一种直觉论,此说种类很多,有的可以划进他律的伦理学说里,有的必须并入自律的伦理学说中。现在我想先从直觉论开始,然后依序论述他说。

直觉论的种类很多,其要领是:衡量我们行为的道德规律在直觉上是明显的,并不是另外还有什么理由。关于什么行为是善、什么行为是恶的问题,就像知道火是热的、水是凉的一样,可以直觉地知道;行为的善恶是行为本身的性质,并不是可以说明的。诚然从我们的日常经验来看,判断行为的善恶并不是这样那样地去思考理由，而大概都是直觉地加以判断的。由于有所谓良心这种东西，所以正同眼睛可以判断事物的美丑一样，也能立即判断出行为的善恶。直觉论就是以这种事实为根据的，所以它是最接近事实的学说。而且，不允许用理由来说明行为的善恶，这在保持道德的威严上是很有效的。

尽管直觉论是简单的，而且在实践上有效，但是作为一种伦理学说，它究竟有多少价值呢？直觉论者所说的直觉上是明显的这点，并不是人性的最终目的，而是行为的规律。当然，就是在直觉论中也有两种观点：一种认为在每个场合，一切行为的善恶在直觉上是明显的；另一种认为包括每个道德判断在内的根本道德法则在直觉上是明显的。不管哪一种观点，都认为具有某种直接自明的行为规律，这正是直觉论的生命。但是在我们对日常行为所下的道德判断，即所谓良心的命令之类的东西里面，果真能够找出像直觉论者所说的那种直觉自明的，从而是正确的、没有矛盾的道德法则这种东西吗？先就个别场合来看，显然那样明确的判断是绝对没有的。我们有时在某种场合上难于判断善恶；有时先以为是后来又认为非；就是在同一场合，不同的人对善恶的判断也会大相径庭。因此所谓在每个场合上都有明确的道德判断这种说法，究竟不是略有思虑精神的人所能想象的。那么在一般情况下又是怎样的呢？果真有直觉论者所说的那种自明的原则吗？第一，所谓直觉论者所标榜的自明的原则因人而异绝对不是始终一致的，这就证明能为一般人所公认的那种自明的原则是没有的。不但如此，就是从世人所公认为自明的义务中，也找不出一条这样的原则来。例如，忠孝本来是当然的义务，但其中也有各种矛盾和变化，究竟怎样做才是真正的忠孝，这绝不是明确的。再就智勇仁义的

意义来说,究竟什么样的智、什么样的勇才是真正的智勇呢?不能说一切智勇都是善,有时智勇反而用于恶。此中仁和义是最接近自明的原则的,但也不能说仁在任何情况下都绝对是善,不正当的仁反而会产生恶的结果。又就正义来说,究竟什么东西才是真正的正义,也绝不能说是自明的。如就对待人来说,究竟怎样才是正当的呢?我们不能说每个人单纯一律平等就是正义,倒是根据每个人的价值区别对待才是正义。但是如果说根据每个人的价值来区别对待,那么决定这种对待的又是什么呢?总而言之,在我们的道德的判断上,直觉论者所说的那种自明的原则是一个也没有的。有时候似乎可以认为是自明的原则的东西,却不过是毫无内容的,只是重复着同义语的命题而已。

如上所述,直觉论有如其所主张既不能证明善恶的直觉,那末作为一个学说来说价值就非常小了。但如我们现在假定有那种直觉,并且认为服从由此而设定的规律就是善的话,那就让我们来探讨一下直觉论究竟会是怎样一种伦理学说呢?所谓纯粹直觉,应该像直觉论者所说的那样,既不能通过理性予以说明,又与苦乐的感情、好恶的欲求无关,而完全是一种直接的、无意义的意识。如果认为顺从这种直觉是善的话,对我们来说,善就是无意义的东西,而我们顺从于善就只是盲从,即道德规律成为从外面加于人性的压抑。这样一来,直觉论就必须和他律的伦理学是相同的了。然而多数直觉论者并不是在上述意义上主张直觉的。有的人把直觉和理性看成是相同的,即认为道德的根本规律是通过理性而自明的。但是如果这样说的话,善就是顺从于理的,因而善恶的区别不是通过直觉来辨明的,却是可以通过理来说明的了。还有某些直觉论者把直觉和直接的愉快不愉快以及好坏看成是相同的。但是如果这样认识的话，就会认为只是因为善能够给予一种快乐或满足才成其为善，即善恶的标准就变成快乐或满足的大小了。像这样，由于对直觉一词的解释，使直觉论接近于其他种种伦理学说。当然纯粹直觉论所说的直觉必须是指完全无意义的直觉，而这种伦理学说与他律的伦理学相同，并不能说明我们为什么要顺从于善。这样道德的根本便完全成为偶然的、无意义的东西。本来在我们实际所说的道德的直觉中包含着各种原理。其中既有完全从其他权威而来的他律的原理，又包含着来自理性的以及由感情和欲求而来的原理。这就是所谓自明的原则陷于种种矛盾和冲突的原因。很明显，用这样混杂的原理来构成学说是不可能的。

第六章　伦理学的各种学说(其二)

上面论述了直觉论的残缺性,并且谈到由于对直觉的意义解释不同,可以引申出各种不同的学说。现在要来谈谈纯粹的他律伦理学,即权力论。这一学派的人认为,我们所说的道德上的善,一方面与自己的快乐或满足这种人性的要求旨趣不同,而着眼于具有严肃的命令这种意义;由于道德是从对我们人类有着巨大威严和势力的东西的命令产生的,因此我们所以服从道德规律,并不是为了自己的利害得失,只是服从这种巨大权力的命令,从而善和恶都是由这种权力者的命令决定的。由于我们一切道德判断的根本都是由前辈的教训和法律、制度、习惯等所养成的,所以这种伦理学说的产生也是合乎道理的。这种学说恰好是以外界的权威代替了前述直觉论中的良心的命令。

当然,按照这种学说,被认为是外界权力者的必须是本身对我们具有巨大威严和势力的东西。在伦理学史上出现的权力论有两种:一是以君主为根本的君权权力论;一是以神为根本的神权权力论。神权的伦理学盛行于基督教具有无上势力的中世纪,邓斯·斯可脱[①]等就是主张这种学说的。斯可脱说:神对我们具

① 邓斯·斯可脱(Duns Scotus,John,1265或1274—1308),苏格兰经院学派哲学家。——译者

有无限的势力，而且神意是完全自由的。神既不是因为善而发号施令，也不是为了理而有所作为，神是完全超越于这些束缚之外的。不是因为善神才发号施令，而是由于神发号施令才成为善。斯可脱把这种学说推论到极点，甚至于说，如果神命令我们杀戮，则杀戮亦将成为善举。此外，主张君权权力论的是近世初期的英国人霍布士[①]。霍布士说，人性完全是恶的，弱肉强食乃是自然状态。要想摆脱由此发生的人生的不幸，唯有把每个人的一切权力都委托给一个君主，而绝对服从他的命令。因此他说，不管怎样，服从君主命令的就是善，违背的就是恶。此外中国的荀子所说的服从先王之道就是善，这也是一种权力论。

如果从上述权力论的立场进行更加严密的论述，究竟能得出什么结论来呢？权力论不能说明我们为什么应当行善，不，不能说明才是权力论的本意。我们只是因为它是权威才服从它。如果说为了某种理由而服从的话，就不是为了权威本身而服从，却变成为了理由而服从了。有人说恐怖是服从权威的最适当的动机。但恐怖背面却包含着自己的利害得失。如果是为了自己的利害而服从，那就已经不是为了权威而服从了。霍布士等人就是因此而脱离了纯粹的权威论的立场。又据近来对权威论进行了十分有趣的解释的基尔希曼[②]的意见，当我们接触高山、大海之类的拥有巨大力量的东西，受到其巨大力量的冲击时，自然会产生惊讶感动之

① 霍布士（Thomas Hobbes，1588—1679），英国唯物主义哲学家。——译者

② 基尔希曼（Julius Heinrich von Kirchmann，1802—1884），德国的哲学家，伦理学家。——译者

情;这种情既不是恐怖,也不是痛苦,而是使自己成为外界的雄伟事物的俘虏、陷于五体投地的状态。并且假如拥有这种巨大力量的东西是具有意志的,那么此时就一定会自然而然地产生尊敬之念,即将以尊敬的心情去服从它的命令,因此所谓尊敬之念就是服从权威的动机。但如仔细想来,就会知道我们所以尊敬他人,并不是全无原因的,由于这个人实现了我们不能达到的理想,我们才尊敬他。因此不是单纯地尊敬这个人本身,而是尊敬理想。对禽兽来说,释迦牟尼和孔子都是毫无价值的。因此,根据严格的权力论的观点,道德必须是完全盲目的服从。恐怖也好,尊敬也好,都必须是全无意义的盲目的感情。伊索寓言里有这样一个故事:有一次小鹿看见母鹿被狗叫声吓跑了,便问道:妈妈的身体那么大,为什么听到小小的狗的叫声就吓得逃跑呢?母鹿答道:不知道是为什么,只是因为对狗叫声莫名其妙地害怕,所以才逃跑的。可以认为,这种无意义的恐怖才是权力论中最适当的道德的动机。如果真是这样的话,就会成为如下的结果:道德和知识正好完全相反,无知的人才是最大的善人,从而如果要求人类进步发展,就需要尽早从道德的束缚中挣脱出来。并且任何善行如果没有服从权威命令的意思,虽然是根据自己的领悟认为应该做而做出的事情,也不是道德上的善行。

按照权威论的说法,这样不但不能说明道德动机,而且使所谓道德法则也几乎成为无意义的了,从而使区别善恶完全没有标准了。如果说我们只因为权威就盲目服从的话,权威却是有各种各样的。既有暴力的权威,又有高尚的精神上的权威。由于不论服从哪一种都是服从权威,所以就应该说两者都是一样的。也就是说，善恶的标准完全无法树立。当然也可以设想把力量的强弱大小当做标准，但是力量的强弱大小也只有在确定我们的理想之后才能够谈到。耶稣和拿破仑究竟谁强，只有根据我们理想的如何确定来决定。如果只把具有存在于世界上的力量的人当做有力者的话，那末有暴力的人就成为最有力量的人了。

如西行法师[1]所吟咏的："不知为什么，只是感激得流泪"，道德的威严实存在于莫测之处。权威论曾经着眼在这一点上，虽然有它的真理的一面，但因此而完全忘掉了人性自然的要求，这是最大的缺点。道德是在人性自然上有其根据的，所以必须从人性的内部来说明为什么要行善。

① 西行法师（1118—1190），日本歌僧，俗名佐藤义清。其作品见《千载集》、《新古今集》、《山家和歌集》等诗集中。——译者

第七章　伦理学的各种学说(其三)

如前所述,他律伦理学无论如何不能说明我们为什么要行善。这样一来,使善完全成为没有意义的了。因此我们就不得不从人性中去寻求道德的根本。从而对于善是什么和为什么要行善这些问题也必须根据人性来说明。这种伦理学叫做“自律伦理学”。自律伦理学有三种:一种是以理性为根本的,叫做“唯理论”或“唯知论”;一种是以苦乐感情为根本的,叫做“快乐主义”;另一种则是以意志的活动为根本的,叫做“活动主义”。现在先从唯理论说起。

所谓唯理的或唯知的伦理学(dianoetic ethics),是把道德上的善恶正邪和知识上的真伪看成是相同的。认为物的真相就是善,如果知道了物的真相,应该做什么自然就清楚了。因此我们的义务像几何学的真理一样是可以演绎出来的。所以我们对于为什么要行善这个问题的回答,就是因为它是真理。我们人类是具有理性的,正如在知识上必须服从理一样,在实行上也不能不服从理(在这里要注意的是理这个字在哲学上有很多含意,这里所说的“理”是指一般含意的抽象概念的关系而言)。这种学说,一方面不同于霍布士所说的,道德法则是可以根据君主的意志随意左右的,而主张道德法则是一种物的性质,并且是永久不变的。另一方面,由于恐怕从知觉或感情之类的感受性里去寻求善恶的根本时,不能说明道德法则的一般性，以致削减义务的威严，从而不得不以每人的爱好当做唯一的标准，所以企图根据理的一般性来说明道德法则的一般性，以树立义务的威严。这种学说很多往往和前述的直觉论混同起来，但所谓直觉并不一定限于理性的直觉，最好还是把这两者分开来思考。

我认为唯理论中最纯正的是克拉克[①]的学说。根据克拉克的见解，一切人事中的物的关系都像数理一样的明确，由此自然就可以知道一件事物是否适当。例如神比起我们来，具有无限的优越性，因此我们就一定要服从它；又如别人施行于自己身上不正当的事，当自己施之于别人时，也是不正当的。在谈到人类为什么要行善时，他认为理性动物是不能不服从理的。他有时甚至于说，企图违反正义而活动的东西有如打算改变物的性质的东西，这简直是把“有”和“必须有”完全混同起来了。

尽管唯理论想要明确道德法则的一般性并使义务严肃化起来，这是很好的，但以这种理论并不能说明道德的全貌。指导我们的行为的道德法则，果真像唯理论者所说的那样，能够根据形式的理解力而先天地知道吗？纯粹形式的理解力和逻辑学的所谓思维三规律一样，只能提供形式上的理解的法则，而不能提供任何内容。唯理论者喜欢举几何学作例子，但即使在几何学上，成为公理的东西也不是只通过形式上的理解力才得到明确的，而是根据空间性质产生的。几何学上的演绎推理是把逻辑法则应用到空间性质的根本直觉上去的。同样地在伦理学上，当根本原理已经明确，要想应用它的时候，虽然也必须根据逻辑的法则，但这种原则本身

---

① 克拉克(Samuel Clarke，1675—1725)，英国的神学，伦理哲学家。——译者

并不是通过逻辑的法则而得到明确的。例如要爱你的邻人这样一个道德法则,是不是单纯根据理解力而明确起来的呢?我们既有他爱的性质,也有自爱的性质。为什么其中一个占优势,一个处于劣势呢?决定这点的不是理解力,而是我们的感情或欲望。即使我们能够单从知识上认识物的真相,但不能由此就知道什么是善。我们不能从是这样而知道为什么必须是这样。虽然克拉克说通过物的真相可以知道适当与否,但适当与否已经不是纯粹知识上的判断,而是价值的判断。必须有所求,才能产生适当与否的判断。

其次,唯理论者在说明我们为什么要行善的时候说,因为我们是理性动物,所以必须服从理。明理的人当然必须在知识上服从理。但是单纯的逻辑上的判断和意志的选择是截然不同的东西。逻辑的判断不一定就是意志的缘由。意志是从感情或冲动产生的,不是单纯产生于抽象的逻辑的。"己所不欲,勿施于人"这句格言也是这样,如果没有所谓同情这种动机的话,它对我们就几乎毫无意义。如果抽象的逻辑能够直接变成意志的动机的话,那么最善于推理的人就可以说是最善的人了。然而事实与此相反,谁也不能否认无知之人有时反而比有知之人更加善良。

前已举出克拉克为唯理论的代表人物,其实他只是这种学说的理论方面的代表人物,实行方面的代表者恐怕要推所谓犬儒学派了。这个学派以苏格拉底的把善和知等同看待的见解为基础,认为一切情欲快乐都是恶的,只有克服它们服从纯理,才是唯一的善;而且他们所说的理仅仅限于反对情欲,是一种不具任何内容的消极性的理。即认为道德的目的只是为了克服情欲快乐保持精神的自由。著名的第欧根尼[①]就是这一学派的典型代表。继这一学派之后，又有斯多葛学派倡导同一主义。根据斯多葛学派的说法，宇宙受唯一的理所支配，人的本质也不能超越这种理性，服从理就是服从自然规律，这是人的唯一的善；生命、健康、财产既不是善，贫苦、病死也不是恶，唯有内心的自由和平静才是最高的善。其结果与犬儒学派相同，排斥一切情欲，一心为实现无欲(apathie)而努力。爱比克泰多[②]就是一个典型的例子。

当上述这种学派把完全反对情欲的纯理当做人性的目的时，正如在理论上不能提供任何道德的动机一样，在实行上也不能提供任何积极的善的内容。这样一来，就只能像犬儒学派哲学家和斯多葛所主张的那样，唯有克服情欲才是唯一的善。但是我们说必须克服情欲，是因为有着某种值得追求的更大的目的。如果认为仅仅为了克制情欲而进行克制这点就是善的话，恐怕没有再比这种说法更不合理的了。

① 第欧根尼(Diogenes of Sinope，公元前403—前323)，犬儒学派哲学家。——译者。

② 爱比克泰多(Epiktetos，50—138前后)，斯多葛学派哲学家。——译者

第八章　伦理学的各种学说(其四)

唯理论比他律伦理学更进一步,企图从人性自然来说明善。不过如前所述,如果仅以形式上的理性为根据,究竟不能说明为什么必须行善这一根本问题。因此我们试从内心深刻省察,就可以知道意志都是从苦乐的感情产生的,寻求快乐和避免不快乐乃是人之常情,这是不可动摇的事实。有一种行为,例如杀身成仁这种场合,虽然表面上看来好像完全不是为了快乐而作的行为,但如窥测其内面,其实也还是在寻求一种快乐。意志的目的终究不外是快乐,我们以快乐为人生目的这点已经成为无须说明的自明的真理。因此,把快乐作为人性的唯一目的,并且想用这种原理来说明道德的善恶区别的这种伦理学说的产生,就成为自然的趋势。这就叫做快乐主义。快乐主义有两种:一种叫做“利己的快乐主义”;另一种叫做“公众的快乐主义”。

利己的快乐主义把自己的快乐当做人生的唯一目的,认为即使是为了别人而有所作为,其实也是为了寻求自己的快乐,所以,自己的最大快乐就是最大的善。这种学说的完全代表人物是希腊

的居勒尼学派和伊壁鸠鲁[①]。阿里斯底波[②]同意在肉体的快乐之外有精神的快乐，但认为无论什么快乐都是相同的，只有大的快乐才是善。而且他崇尚一切积极的快乐，又与一生的快乐相比，他更重视瞬间的快乐。因此应该称他为最纯粹的快乐主义的代表。伊壁鸠鲁也把一切快乐看成是相同的，他认为快乐是唯一的善，不管什么快乐，只要不产生痛苦的结果，就不应该加以排斥。但与瞬间的快乐相比，他更重视一生的快乐；与积极的快乐相比，他反而更崇尚消极的快乐，即没有痛苦的状态。他认为最大的善就是心的和平(tranquility of mind)。但是他的根本主张始终是利己的快乐主义，他认为希腊人所说的四个主要道德：智慧、节制、勇气、正义也只是作为自己快乐的手段才是必要的。所谓正义，也不是正义本身有什么价值，而只是作为每个人互不侵犯、享受幸福的手段才有必要。这种主义在他的关于社会生活的意见里更加明显。他认为社会是为了获得自己的利益才必要的，国家只是为了谋求个人的安全而存在的，从而认为如果能够避开社会的烦累，又能获得足够的安全，那才是最理想的事。因此他的主张倒可以叫做“隐遁主义”(λάθε βίωσας)。他根据这种观点还力求规避家庭生活。

以下谈谈公众的快乐主义，即所谓功利主义。这种学说的根本主张与前者几乎是相同的，所不同的只是不把个人的快乐当做最高的善，而以社会公众的快乐为最高的善。这一学说的全面代

① 伊壁鸠鲁(Epikouros，公元前341—前270)，希腊哲学家，伊壁鸠鲁学派的代表。——译者

② 阿里斯底波(Aristippos，公元前约435—前355)，希腊哲学家，居勒尼学派的代表。——译者

表人物是边沁[①]。他说人生的目的是快乐,除快乐之外再没有善。而且不论什么快乐都是相同的,即快乐没有种类的差别(固定钓竿钓鱼的儿童游戏的快乐和吟咏高尚诗歌的快乐也是相同的),只有大和小这种数量上的差别。我们的行为的价值,不是像直觉论者所说那样在于它的本身,而完全是根据由此产生的结果来确定的。也就是说,产生大的快乐的行为就是善行。并且谈到什么行为是最大的善行时,他根据快乐主义的原则,认为从道理上来说,与个人的最大幸福相比,多数人的最大幸福才是最大的快乐,所以最大的幸福就是最高的善。此外他还根据这种快乐主义论述了确定行为的价值的科学方法。他认为快乐的价值大致都是可以用数量来衡量的,例如可以根据强度、长短、确实与否等标准来计算快乐的程度。作为快乐主义来说,他的论点实在是很有道理的,只是有一个缺陷,就是不能明确说明为什么最高的善,必须是最大多数人的最大幸福,而不是个人的最大快乐。对于快乐,必须要有感觉它的主体。正因为有感觉的主体才有快乐。而且这种感觉的主体无论什么时候必须是个人,那么根据快乐主义的原则来说,为什么一定要把多数人的快乐放在个人的快乐之上呢?也许是由于人们有同情心,感到自己独乐不如与人同乐是更大的快乐。穆勒等人就注意到了这一点。然而即使在这种场合,这种同情心所带来的快乐也不是他人的快乐,而是自己的快乐。仍然自己的快乐是唯一的标准。再问一句,如果自己的快乐与他人的快乐发生矛盾时又怎

① 边沁(Jeremy Bentham,1748—1832),英国资产阶级法学家和道德哲学家,功利主义的代表人物。——译者

么办呢？难道从快乐主义出发，也可以说必须放弃自己的快乐，而去寻求他人的快乐吗？这样说来，作为快乐主义的必然结果，也许要像伊壁鸠鲁一样，成为利己主义。边沁和穆勒都极力把自己的快乐和他人的快乐说成是一致的东西，我却认为这种情况到底不能在经验的事实上找到证明。

以上大致叙述了快乐主义的主要论点，现在要来进行批判。首先，即使承认作为快乐主义的根本假定的快乐是人生的唯一目的，可是我们果真就能通过快乐主义获得充分的行为规范吗？从严格的快乐主义观点来看，无论什么快乐都必须是同类的，只有大和小的数量上的差异。但如快乐有各种性质上的差别，从而其价值也有所不同的话，那就不能不承认在快乐之外另有确定价值的原则，因此就与快乐是确定行为的价值的唯一原则这种主张相矛盾了。继承边沁的穆勒承认快乐有各种性质上的差别，认为两种快乐的优劣是可以由能够同样地经历两种快乐的人容易地加以判定的。例如任何人都会希望成为苏格拉底而有些不满足，也不愿意变成猪而得到满足。并且他认为这些差别是从人的尊严感(sense of dignity)产生的。但是穆勒这种观点显然脱离了快乐主义的立场。从快乐主义出发，不管一个快乐比另外一个快乐小多少，总不能说比另外一个快乐更高尚。这样说来，如果按照伊壁鸠鲁和边沁等人的见解，即快乐是纯粹相同的，而只有数量上的差异，那么又如何能够确定快乐的数量的关系，并且根据它来确定行为的价值呢？阿里斯底波和伊壁鸠鲁只说可以根据知识来进行辨别，并没有提出明确的标准。只有边沁才像上述那样详细地论述了这项标准。然而快乐的感情这种东西就在同一个人身上，也是

很容易随着时间和场合发生变化的;一个快乐是否在强度上胜过另一个快乐,是很不明确的。而且要确定什么样的强度相当于什么样的持续程度也是极其困难的。既然确定同一个人的快乐的尺度尚且如此困难,可见像公众快乐主义所主张的那样,要想连别人的快乐也加以计算和确定其大小,那就更加困难了。通常认为精神上的快乐高于一切肉体上的快乐,如名誉比财富重要,多数人的快乐比自己一个人的快乐高尚,似乎快乐的价值传说性地确定下来了。但是这种标准是从各方面的观察形成的,绝不能设想它是根据单纯的快乐的大小而确定的。

以上我们是把快乐主义的根本原理当做正确的东西进行了论述的,即便如此,要想根据快乐主义来获得确定我们行为价值的正确规范也是很困难的。现在让我们进一步探讨一下这种学说的根本原理。这一学说的根本假定是一切的人都希望快乐和快乐是人生的唯一目的,这也是一般人所常说的。但如稍加思考,便会明白这种说法绝不是真理。首先,我们不能不承认,人在利己的快乐之外还有高尚的他爱的或理想的欲望。例如无论是谁,心里都多少潜藏着这种想法:即宁肯抑制自己的欲望,也要把东西送给所爱的人,又或宁肯牺牲自身,也要实行理想。有时候这些动机显示出强大的力量,往往使人突然不顾一切地做出悲惨壮烈的牺牲行为。可见快乐主义者所说的人类完全在寻求自己的快乐这种论点虽然似乎是非常透彻的真理,其实远远离开了事实。当然快乐主义者也不是不承认这些事实;他们认为,人们所以有这些欲望并且因此不顾一切地做出牺牲行为,也是为了满足自己的欲望,假若从这种行为的背面来看,仍旧不过是为了寻求自己的快乐。然而无论任

何人或者在任何场合都在寻求欲望的满足这点固属事实，但不能说寻求欲望的满足的人就是寻求快乐的人。不管包含好多痛苦的理想，在能够实现的时候，一定会带来满足的感情。这个感情虽然也是一种快乐，却不能因此就说这种快感一开始便是行为的目的。可见我们要想产生满足的快感，必须先具有自然的欲望。即只因有了这种欲望，才能通过实行而产生满足的快乐。那么如果认为因为有这种快感，一切欲望就是以快乐为目的的，这就是把原因和结果混同起来了。我们人类在先天上有着他爱的本能。正是因为这个缘故，爱他就给予我们无限的满足。但是并不能因此就说为了寻求自己的快乐才爱他。如果有丝毫寻求自己的快乐的想法，就绝对不可能从他爱中获得满足的感情。不仅他爱的欲望是这样，就连那种完全叫做自爱的欲望也不是单纯地把快乐当做目的的。以食色的欲望为例，与其说它们是以快乐为目的，倒不如说它是受一种先天的本能驱使而必然产生的。饿着的人反而会因为有食欲而悲伤，失恋的人反而会怨恨有爱情的。假如人们以快乐为唯一的目的的话，也许任何事物都不会像人生那样充满矛盾了，因此倒不如说断绝人的一切欲望才是寻求快乐的道路。伊壁鸠鲁把摆脱一切欲望的状态，即心情的平静当做最大的快乐，反而和建立在完全相反的原理上的斯多葛的理想相一致，其道理就在于此。

然而有的快乐主义者却认为：即便是我们今天具有不以快乐为目的的自然欲望，但由于在个人的一生或生物进化的过程中，习惯会变成第二天性，所以原属有意识地寻求快乐的行为也变成无意识的了。这就是说，不以快乐为目的的自然欲望，本来是取得快乐的手段，但由于习惯而变成了目的本身（穆勒等人常常以金钱的例子来论证这点)。诚然,我们的欲望里也会有通过这种心理作用而变成第二天性的。但不能说不以快乐为目的的欲望都是通过这种过程而产生的。我们的精神和我们的身体一样,生来就是活动的,并具有各种本能。这同小鸡生来就会捡拾谷粒和小鸭生来就会凫水是一样的道理。可是这些本能果真都是根据遗传,由原来有意识的行为变成了无意识的习惯的吗?按今天的生物进化学说来看,生物的本能绝不是通过这种过程产生的。本来是生物的卵中所具有的能力,因为适于条件的生存下来,终于达到了发挥某种特有本能的地步。

如上所述,快乐主义比唯理论更接近人性的自然。但是根据这种学说,善恶的区别只能由苦乐的感情来确定,而不能提供正确的客观标准,并且也不能说明道德上的善的命令性质。不仅如此,把快乐当做人生唯一的目的这还不能说是真正符合于人性自然的事实。我们绝不能因快乐而满足。如果真正有那种只以快乐为目的的人,这种人却是与人性背道而驰的。

第九章　善(活动主义)

我们已经叙述了关于善的各种见解,又指出了这些见解的不够完善之处,这样我想善的真正意义所在就自然清楚了。那么究竟要到哪里去寻求我们的意志必须以之为目的的善,即可以确定我们行为价值的规范呢?正如在论述判断价值的基础时所说的那样,一定要从意识的直接经验去寻求这个判断的基础。所谓善只能从意识的内在要求来说明,而不能从外界来说明。单凭事物现在是这样或者是这样发生的,是不能说明为什么必须是这样的道理的。真理的标准归根结柢在于意识的内在必然性。奥古斯丁和笛卡尔等回到最根本的地方来进行思考的人都是从这里出发的,与此相同,善的根本标准也必须从这里寻求。然而他律伦理学却想从外面来寻求善恶的标准。这究竟不能说明为什么必须要行善。唯理论想从意识的内在作用之一的理性来确定善恶的价值,虽然可以说比他律伦理学说前进了一步,但是理并不能够确定意志的价值。正像赫夫丁[①]所说的,意识是以意志的活动为始,又以此为终一样,意志是比抽象理解的作用更为根本的事实。不是后者引起前者,相反是前者

① 赫夫丁(Höffding,1843—1931),丹麦资产阶级哲学家和心理学家,实证主义者。——译者

支配后者。那么快乐主义是怎样认识的呢？它把感情和意志几乎看成是同一现象而只有强度的差异。但如前所述，快乐倒应该说是由于意识的先天要求得到满足而产生的，因此必须说所谓冲动和本能等先天要求，比起愉快与否的感情来是更根本性的。

这样我们就可以明白，必须从意志本身的性质来说明善究竟是什么。意志是意识的根本的统一作用，又立即是实在的根本统一力的表现。意志不是为他的活动，而是为己的活动。因此只有从意志本身之中去寻求确定意志价值的根本。关于意志活动的性质，如在谈到行为的性质时所说的，在它的根基里有着先天的要求（意识的因素）。它在意识上作为目的观念而出现，并在于通过它来进行意识的统一。当这种统一完成了的时候，即理想实现了的时候，我们就产生满足的感情，反之则产生不满足的感情。确定行为价值的主要在于这种作为意志根本的先天要求，因此在我们完满地实现了这种要求，即实现了我们的理想时，其行为就被当做善而受到赞美，相反时就被当做恶而受到责难。所以所谓善就是我们的内在要求即理想的实现，换句话说，就是意志的发展完成。依据这种根本理想的伦理学说就叫做“活动主义”（energetism）。

这种学说从柏拉图和亚里士多德开始。特别是亚里士多德曾根据这种学说归纳出一种伦理。他认为人生的目的是幸福（eudaimonia）。但是要想达到这种目的途径不是在于寻求快乐，而是在于完整的活动。

世间有很多所谓道德家忽视了这一活动方面。说什么义务或法则，一味地把压抑自己的要求和束缚活动当做善的本性。当然我们不是完人，往往由于不理解活动的真正意义而陷入歧途，因此产生这种倾向也是难免的。但是正因为有着非追求不可的更大要求，才产生抑制较小的要求的必要；只是一味地抑制要求，却反而违反了善的本性。虽然善还必须具有命令的威严性质，而自然的爱好更是必要的性质。所谓道德的义务或法则，其价值并非存在于义务或法则本身，相反是基于大的要求而产生的。由此可见，善和幸福不但不相互冲突，反而可以像亚里士多德所说的那样，善就是幸福。我们在满足自己的要求或实现理想的时候总是幸福的。在善的背面一定要伴随着幸福的感情。但却不能像快乐主义所说的那样，认为意志是以快乐的感情为目的的，快乐就是善。快乐和幸福相类似，但又不相同。幸福可以由满足获得，满足则是由理想要求的实现产生的。孔子说过："饭疏食饮水，曲肱而枕之，乐亦在其中矣。"正像这样，有时尽管我们处于痛苦之中，仍旧可以保持幸福。真正的幸福反而应该从严肃理想的实现而获得。世人往往把自己的理想的实现及要求的满足等等与利己主义及任性主义等同相视。然而对我们来说，自己内心深处的要求的呼声具有巨大的威力，它是人生中最庄严的东西。

如果把善看成是理想的实现和要求的满足，那么这种要求或理想是从哪里产生的，善又是什么性质的东西呢？意志是意识的最深的统一作用，即自我本身的活动，因此作为意志原因的本来的要求或理想总是产生于自我本身的性质，也可以说就是自我的力量。我们的意识，无论在思维或想象上，也无论在意志上，或是在所谓知觉、感情、冲动上，在它们的根基深处都有一种内在的统一物在进行活动，所以意识现象都是这个统一物的发展与完成。同时，对于这种整体进行统一的最深的统一力就是我们的所谓自我，意志是最能表现出这种力量的。由此可见,意志的发展完成,立即成为自我的发展完成,因而可以说善就是自我的发展完成(selfrealization)。也就是说,我们的精神发展出来各种能力,能达到圆满成熟的就是最高的善(即亚里士多德所说的圆满实现〔entelechie〕就是善)。竹就是竹,松就是松,正像它们各自充分发挥其天赋性能一样,人发挥人的天性自然就是人的善。斯宾诺莎也说过所谓“德”不外是顺从自己固有的性质而活动的意思。

这样善的概念就接近美的概念。所谓美是在事物照理想一样实现时所得到的感觉。所谓照理想一样实现,就是指这一事物发挥其自然的本性而言。所以,有如花在显示其本性时是最美丽的一样,人在显示其本性时便达到美的顶点。善就是美。例如某种行为本身即使从大的人性要求来看是没有什么价值的,但是在这种行为真正是出于人的天性的自然行为时就会引起一种美感,同样地,在道德上也会产生一种宽容之情。希腊人就把善和美等同相视。这种想法在柏拉图的思想中表现得最为明显。

从另外一方面来看,善的概念与实在的概念也是一致的。如前所述,一个事物的发展完成是一切实在成立的根本形式,所以无论精神、自然或宇宙,都是在这种形式上成立的。如此可见现在我们所说的作为自我的发展完成的善,就是指服从自我的实在规律而言的;也就是说同自我的真正实在相一致的便是最高的善。那么道德的规律就将包含于实在的规律之中,善就可以用自我的实在的真性来说明了。所谓构成判断价值的基础的内在的要求和实在的统一力实际上是一个东西,而不是两个。所以把存在和价值分开来思考的方法,是来自把知识对象和情意对象分离开来的抽象作用，而在具体的真正实在上，这两者本来就是一个的。因此所谓求善和迁于善就等于认识自我的真。唯理论者把真和善等同相视，也含有一面的真理。然而抽象的知识和善未必一致。在这种场合，知必须意味着所谓体会。这些观点是希腊的柏拉图和印度的奥义书[①]的根本思想，我认为这是对善的最深刻的思想（柏拉图说，善的理想是实在的根本；中世纪的哲学里也有这种说法："一切的实在就是善"〔omne ens est bonum〕）。

① 奥义书（Upanishad），印度"吠陀文献"中的一种，是哲学教科书和哲学讨论的记录。——译者

第十章　人格的善

以上我先论述了善应该是什么，接着提出了善的一般概念；现在想来探讨什么是人类的善，并阐明其特征。我们的意识绝不是一个单纯的活动，而是各种活动的综合，这是谁也明白的事实。由此可见，我们的要求也绝不是单纯的，当然会有各种各样的要求。那么在这些种种要求之中，究竟满足哪一个要求是最高的善呢？这里就产生出我们自我整体的善究竟是什么的问题。

在我们的意识现象中没有任何一个孤立的东西，它必然是同其他事物有所联系而存在的。即使是一瞬间的意识也已经不是单纯的，其中包含着复杂的因素。并且这些因素并不是相互孤立的，而是在彼此关系上具有某种意义的。不仅暂时的意识是这样组成的，一生的意识也是一个像这样的体系。所谓自我就是这种整体的统一的名称。

这样看来，我们的要求也绝不会孤立地发生，而一定是在同其他的关系上发生的。很明显，我们的善，并不是指仅仅满足了某一种或暂时的要求说的，而某一个要求只有在同整体的关系上才能成为善。就像身体的善并不是身体某一局部的健康，而取决于全身的健全关系一样。所以从活动主义的观点来看，所谓善首先必须是各种活动的一致和谐或者是所谓中庸。所谓我们的良心就是和谐统一的意识作用。

> 和谐是善，这是柏拉图的想法。他把善比做音乐的和谐。英国的沙甫兹伯利[①]等人也持有这种想法。此外，把中庸当做善的是亚里士多德的学说；在东方，《中庸》这部书里也表现了这种思想。亚里士多德认为一切的德都存在于中庸里，例如勇气是粗暴和怯弱的中庸；节俭是吝啬和浪费的中庸。这很像子思的思想。又如进化论的伦理学家斯宾塞[②]所说的，善是各种能力的平均，也是同样的意义。

然而只说和谐和中庸，意义还是不明确的。所谓和谐，究竟是什么意义上的和谐呢？所谓中庸，究竟是什么意义上的中庸呢？意识不是并列的活动的集聚，而是一个统一的体系，因此所谓它的和谐和中庸并不是从数量上来说的，而必须意味着体系性的秩序。那么我们精神上的各种活动的固有秩序是怎样的呢？我们的精神，在它的低的程度上也和动物的精神一样，仅仅是本能活动，即对于眼前的对象只是冲动地进行活动，完全受肉欲的支配。但是意识现象，则不管它如何单纯，也一定具有观念的要求。因此，不论是怎样本能性的意识活动，它的背后总一定潜藏着观念活动（甚至某些高级动物也一定会是这样的）。无论什么人，只要他不是白痴，就绝不会满足于纯粹的肉体欲望，一定有观念的欲望在他的内心深处活动。即无论什么人都抱有某种理想。守财奴见钱眼红，

① 沙甫兹伯利伯爵（Shaftesbury，Earl of；本人名：安东尼·艾希利·库伯〔Anthony Ashley Cooper〕，1671—1713），英国的道德哲学家。——译者

② 斯宾塞（Herbert Spencer 1820—1903），英国资产阶级哲学家和社会学家，实证论的创始人之一，他是资本主义社会的辩护人，反对社会主义。——译者

也是从一种理想发生的。总之人们不是生存在肉体上，而是在观念上有其生命的。歌德在“紫罗兰”那首诗里写道，田野里的紫罗兰遭到了妙龄的牧羊姑娘的践踏，但是却得到了爱的满足。我想这是一切人类的真实情感。因此所谓观念活动乃是精神的根本作用，我们的意识是必须受它的控制的。也就是说，去满足由观念活动而产生的要求就是我们真正的善。那么更进一步提到观念活动的根本规律是什么呢？那就要说是理性的规律了。所谓理性规律就是说明观念与观念之间的最一般的和最根本的关系的东西，是控制观念活动的最高规律。而且所谓理性是可以控制我们精神的根本能力，理性的满足就是我们的最高的善。因此不管是什么，只要服从理的便是人们的善。犬儒学派和斯多葛学派哲学家就是这种观点的极端主张者。他们甚至于说，因此要把人心的一切其他要求都当做恶来加以排斥，只有服从理才是唯一的善。不过根据柏拉图晚年的看法和亚里士多德的学说，虽然由理性的活动产生的东西是最高的善，但由理性对其他的活动进行的控制或统御也是善。

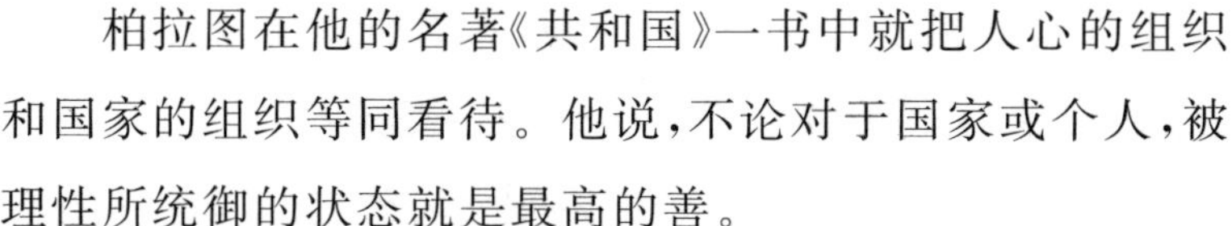

柏拉图在他的名著《共和国》一书中就把人心的组织和国家的组织等同看待。他说，不论对于国家或个人，被理性所统御的状态就是最高的善。

如果说我们的意识是由各种能力综合而成的，而其中之一必须控制其他的话，那么，活动主义所主张的善，就必须如前所述，是服从理性而控制其他的东西。但是我们的意识本来就是一种活动。在它的根基里，无论什么时候都只有一种力量在进行活动。即使在知觉和冲动这种瞬间的意识活动中，也已经出现了这种力量。更进一步，在思维、想象，意志这些意识活动中，这种力量就以更加深远的形态出现。我们说服从理性，就不外是指服从这种深远的统一力。不然只是抽象地去看的单纯的理性，它就像在评述唯理论时所说的那样，仅仅提供没有任何内容的形式关系而已。这种意识的统一力绝不能离开意识的内容而存在，相反，意识的内容是通过这种统一力而成立的。当然，如果把意识的内容一一分析考察时，就找不出这种统一力来了。然而它却在综合的意识内容之上表现为俨然不可动摇的一个事实。如同画面上出现的一种理想和音乐中出现的一种感情一样，它不是可以分析理解的东西，而是可以直觉自得的东西。如果在这里把这种统一力定名为每个人的人格，那么善就在于这种人格，亦即统一力的维持发展。

这里所说的人格的力量不只是指动植物的生活力那种自然的物力，也不是指本能那种无意识的能力。本能作用是由有机体发生的一种物力。人格则与此相反，是意识的统一力。然而尽管如此，所谓人格也不是作为每个人的表面意识的中心的、非常主观的各种希望之类的东西。这些希望也许多少会表现那个人的人格，但是真正的人格倒是出现于消灭这种希望和忘却自我的地方。虽然如此，人格也不是康德所说的那种完全离开经验内容，适用于每个人的一般的纯理作用。人格必须是因各个人而具有特殊意义的东西。所谓真正的意识统一是在我们不知不觉中自然而然地表现出来的纯一无杂的作用，它是没有知、情、意之分、没有主客之别的独立自在的意识的本来状态。我们的真正人格要在这种时候才整个地表现出来。因此人格既不是单纯的理性，又不是欲望，更不是无意识的冲动，它恰如天才的灵感一样，是从每个人的内部直接而自发地进行活动的无限统一力（古人也说过，道不属于知或不知）。正如论述实在时所指出的，如果把意识现象看成是唯一的实在，那么我们的人格就是宇宙统一力的显现。也就是破除了物心之别的唯一的实在根据情况以某种特殊形态的出现。

我们的善既是这样伟大的力量的实现，所以它的要求是极其严肃的。康德也说过，我们经常怀着无限的赞美和敬畏心来看待的东西有二：一个是高悬在上的星斗灿烂的天空；另一个是内心里的道德规律。

第十一章　善行为的动机(善的形式)

综上所述,所谓善就是满足自我的内在要求;而自我的最大要求是意识的根本统一力、亦即人格的要求,所以满足这种要求、即所谓人格的实现,对我们就是绝对的善。但是这种人格的要求一方面是意识的统一力,同时又是实在的根基里面的无限统一力的表现。所谓实现我们的人格就是指这种力量的合一而言。如果认为善是这种东西,我想就可以由此而确定善行为是什么行为了。

根据上述的看法,首先可以明白善行为就是一切以人格为目的的行为。人格是一切价值的根本,宇宙间只有人格具有绝对的价值。我们本来就有各种要求,既有肉体上的欲望,也有精神上的欲望;从而一定会有财富、权力以及知识、艺术等各种可贵的东西。但是无论是多么强大的要求或高尚的要求,如果离开了人格的要求,便没有任何价值;只有作为人格要求的一部分或者手段时才有价值。富贵、权力、健康、技能、学识等本身并不是善,如果违反人格要求时反而会成为恶。因此所谓绝对的善行必须以人格的实现本身为目的,即必须是为了意识统一本身而活动的行为。

按照康德的看法,物是由外部来确定它的价值的,所以它的价值是相对的;但是我们的意志是自己确定价值的,因此人格也就有着绝对的价值。康德的主张正如大家所知道的,要人们尊敬自己和别人的人格，把它当做目的本身(end in itself)看待，而千万不可当做手段来利用。

那么所谓真正以人格本身为目的的善行为必须是什么样的行为呢？要想回答这个问题，就一定要论述人格活动的客观内容，并阐明行为的目的。现在先来谈谈善行为中的主观性质，即其动机。所谓善行为必须是从自我的内在必然产生出来的行为。以前也曾说过，我们的整个人格的要求只有在我们尚未进行思考分析、处于直接经验状态下才能自觉到的。所谓人格就是在这种情况下从内心深处出现，逐渐包含整个心灵的一种内在要求的声音。所谓以人格本身为目的的善行必须是服从这种要求的行为。违背了它就等于否定自我的人格。所谓至诚是善行不能缺少的重要条件。耶稣也说，只有像天真烂漫的婴儿一般的人才能进入天堂。所谓至诚的善，并不是因为通过它产生出的结果才成为善，它本身就是善。我们说欺人者恶，与其说是因为由此产生的结果，毋宁说是因为期人者欺骗自己，否定了自己的人格的缘故。

所谓自己的内在必然或天真的要求，往往难免遭受误解。有人认为天真就是放纵不拘，对社会纪律不闻不问和对自己的情欲不加约束。然而人格的内在必然，即所谓至诚，是建立在知、情、意合一之上的要求，并不意味着违反知识的判断和人情的要求而单纯地服从盲目的冲动。只有充分发挥自己的知和情以后，才能出现真正的人格的要求，即至诚。只有在自我的全部力量用尽，自我的意识消失殆尽和自我已经不能意识自我的时候，才能看到真正的人格的活动。试就美术作品来看。画家的真正人格、即创造力要在什么场合才出现呢？当画家还在意识上进行各种构思的阶段，并不能真正看到画家的人格。只有在他经过多年的苦心钻研，达到技艺纯熟、意到笔随的境地时才能看到他的人格。道德上的人格的表现也是这样。所谓表现人格，并不是随从一时的情欲，而是服从最严肃的内在的要求。这与放纵懦弱恰恰相反，是一种艰难困苦的事业。

所谓服从自己的真挚的内在要求，即所谓实现自我的真正人格，并不意味着要树立与客观相对立的主观，或使外界事物服从自我。而是意味着当自我的主观空想消磨殆尽，完全与外物相一致的时候，才能满足自我的真正要求，看见真正的自我。从另一方面来看，也可以说每个人的客观世界就是各人的人格的反映。不，每个人的真正的自我只能是出现于各人面前的独立自在的实在的体系本身。因此无论什么人，他的最真挚的要求必须始终与他所见到的客观世界的理想相一致。例如无论多么私欲冲心的人，只要他还多少有些同情心，他的最大要求大约就一定是在自己得到满足之后也给别人以满足。如果说自己的要求不只限于肉体的欲望，而且也包括理想的要求的话，那就必须承认这点。私欲的程度越深，就越会因为妨碍别人的私欲而内心感到不少苦闷。反之，倒是没有私欲的人，才能心安理得地破除别人的私欲。由此可见，所谓满足自我的最大要求和实现自我，便是实现自我的客观理想，亦即与客观臻于一致。从这一点上来看，可以说善行为一定就是爱。所谓爱就是自他完全一致的感情，是主客合一的感情。不仅人与人的场合如此，画家对自然的场合也是爱。

柏拉图在他的名著《会饮篇》里说，爱是残缺的东西企图恢复它原来的完整状态之情。

但如更进一步来思考一下，所谓真正的善行，既不是使客观服从主观,也不是主观服从客观。只有达到主客相没、物我相忘、天地间只有一个实在的活动时才能达到善行的顶峰。不管物推动我也好,我推动物也好;也不管是雪舟[①]描绘自然,还是自然通过雪舟来描绘自我,本来物和我就是没有区别的,我们既可以说客观世界是自我的反映,同样地也可以说自我是客观世界的反映。离开我所看到的世界便没有我[②]。这是天地同根,万物一体。古代印度的贤人把它说成:"那就是你"(Tat twam,asi),圣保罗[③]也说:"现在活着的,不再是我,而是基督在我里面活着"[④],孔子则说:"从心所欲不踰矩。"

① 雪舟(1420—1506),日本室町时代后期的名画家,一般称为雪舟等杨。——译者

② 参看本书《实在》编,第9章"精神"。

③ 圣保罗(Saint Paul,死于公元67年?),基督的使徒,《新约全书》中《加拉太书》的作者。——译者

④ 《加拉太书》,第2章,20节。

第十二章　善行为的目的(善的内容)

关于说明以人格本身为目的的善行为,首先已经谈到,所谓善行为必须是从什么动机出发的行为。以下想来论述它是具有什么目的的行为。善行为也并不只是意识内部的事,而是以在事实上产生某种客观结果为目的的动作,所以我们现在一定要来阐明这个目的的具体内容。以前所论述的是所谓善的形式,现在要谈的是善的内容。

人格是意识的统一力,又是实在的统一力,它首先实现在我们个人身上。在我们的意识的根基里有着不可分析的个性。一切意识活动都是个性的表现。每个人的知识、感情、意志都具有这个人的特有性质。不仅意识现象,就是每个人的容貌、言语、举止上也显示着个性。人像画所要表现的其实就是这种个性。这种个性从人一生下来就开始活动,一直到死亡为止,经历种种经验和境遇而有种种发展。科学家认为它起源于脑的素质,但是有如我经常谈过的那样,我认为它是实在的无限统一力的表现。因此,我们首先就应当把这种个性的实现当作目的。也就是说这是最直接的善。当然健康和知识之类的东西本来是可贵的。然而健康和知识本身并不是善。我们不能仅仅以此为满足。在个人身上,能够导致绝对满足的就是自我个性的实现。即在实践上发挥别人所不能模仿的自己的特点。无论是谁,不管他的天赋和境遇如何,都能够发挥个性。正如每个人的面貌都不相同一样,每个人都具有别人所不能模仿的独一无二的特点。而这种特点的实现则是给予每个人以无上的满足和促使宇宙进化所不能缺少的一种因素。世人从来不大重视个人的善。但是我却认为个人的善是最重要的,是其他一切善的基础。真正的伟人并不是因为他做的事业伟大才成其为伟大,而是因为他发挥了强大的个性。登高一呼,其声达于远处,这不是因为声音大,而是因为站的地方高。我认为能够充分发挥自己的特点的人,要比那些忘掉自己的本分,专门为他人奔走的人更为伟大。

然而我在这里所说的个人的善是与私利私欲不能同日而语的。必须把个人主义和利己主义严格地区别开来。利己主义是以自己的快乐为目的的,也就是所谓任性。个人主义则同它恰恰相反。每个人逞纵自己的物质欲望,反而是消灭个性。以猪为例,不管有多少只,在它们之间是没有个性的。此外有人似乎把个人主义和集体主义说成是相反的,我却认为这两者是一致的。只有生活在一个社会里的每个人都能充分地活动,分别发挥他们的天才,社会才能进步。忽视个人的社会绝不能说是健全的社会。

个人的善所最需要的德是强盛的意志。易卜生[①]写的白朗特那样的人便是个人道德方面的理想人物。与此相反,意志薄弱和虚荣心则是最令人厌弃的恶(都是由于失去自尊心而产生的)。此外对个人犯罪最大者就是极

① 易卜生(Henrik Ibsen,1828—1906),挪威最杰出的戏剧作家、诗人。白朗特是他1866年写的诗剧《白朗特》里的人物。——译者

端失望而自杀的人。

如上所述，真正的个人主义绝对不应受到责难，也不是与社会相冲突的。但是我们所谓每个人的个性是否就是各自独立和互不相关的实在呢？或者是说，在我们的个人的根基里有社会的自我存在，而我们个人就是社会的自我的表现呢？如果是前者，那么个人的善就必须是我们的最高的善。如果是后者，就必须承认我们还有更大的社会的善。我认为亚里士多德在他的《政治学》一书的开头所写的"人是社会的动物"这句话是不可动摇的真理。从今天的生理学上来看，我们的肉体已经不是个人的东西。我们的肉体起源于祖先的细胞。我们同我们的子孙一样，都是由于同一细胞的分裂而产生的。一切种类的生物都可以看成是同一生物。生物学家说今天的生物不死。就意识生活来看，也是这样。在人类过着共同生活的地方，一定有统一每个人的意识的社会意识。语言、风俗、习惯、制度、法律、宗教、文学等都是这种社会意识的现象。我们的个人意识就是在这里面发生和养成的，而且不过是构成这个巨大意识的一个细胞。无论知识、道德或是兴趣，都具有社会的意义。即使是最普遍的学问，也离不开社会的传统（今天各国都有所谓学风这种东西，其原因就在这里）。所谓个人的特性只是在这种社会意识的基础上出现的形形色色的变化而已。不管多么出类拔萃的天才，也无法脱离这种社会意识的范围。相反地却可以说他是发挥了社会意识的深远意义的人（耶稣对犹太教的关系即其一例）。只有狂人的意识才真正与社会意识完全无关。

谁也不能否认上述这些事实。但是由于这种共同意识与个人意识是在同一意义上存在的，是否就可以把它们看成一个人格呢？

对于这个问题却有许多争论。赫夫丁等人否认统一意识的实在。赫夫丁说,森林是树的集聚,把它分析开来便没有所谓森林;社会也是个人的集聚,在个人之外并没有所谓社会这种独立的存在[1]。但是不能因为分析后统一不实在,所以就认为没有统一。把个人的意识,分析开来,也不会发现另外所谓统一的自己。不过,由于在统一之上有一种特点,而且必须把各种现象看成是通过这种统一而成立的,所以才把它看成是一个活的实在。根据同样的理由,也可以把社会意识看成是一个活的实在。社会意识也和个人意识一样是既有中心、又有联系的完整体系。只是在个人意识方面有肉体这样一个基础。虽然这是与社会意识不同之处,但脑这种东西也绝对不是单纯的物体,而是细胞的集合。这与社会是由个人这种细胞组成的情况并无相异之处。

如上所述,有了所谓社会意识,我们个人的意识又是它的一部分,所以我们的要求大部分都是社会性的。如果从我们的欲望中除去他爱的因素,就几乎空无一物。关于这点,只要看到我们的生命欲的主要原因也在于他爱,就可以明白了。因此与其说是我们由于自己的满足而满足,毋宁说是由于自己所爱的东西以及自己所属的社会的满足而满足。本来,我们自我的中心就不只存在于个体之中。如母亲的自我在孩子之中,忠臣的自我在君主之中。随着自我的人格越来越伟大,自我的要求也越来越成为社会性的要求。

以下简单谈谈社会的善的阶段。在社会的意识中有各种阶

① 赫夫丁:《伦理学》(Höffding, *Ethik*),第157页。

段。其中最小而直接的是家庭，家庭可以说是我们的人格向社会发展的最初阶段。男女结合，组成一个家庭，其目的不只是为了遗留子孙后代，而具有更加深远的精神上的（道德上的）目的。柏拉图的《会饮篇》中有这样一段话：男女本系一体，但是被神分割，所以至今还是相互爱慕的。这是饶有风趣的想法。如果从人类这个典型来看，男女个人都不是完整的人，只有男女结合起来，才能成为一个完整的人。奥托·魏宁格尔[①]说，无论在肉体上或精神上，人都是由男性因素和女性因素结合而成的；两性相爱就是这两种因素为了结合起来成为一个完整的人。男子的性格不是人类的完整典型，同样，女子的性格也不是完整的典型。只有男女两性互相补充，才能发展为完整的人格。

然而我们的社会意识的发展并不局限于家庭那样的小团体里面。我们的一切精神的或物质的生活都可以在各种社会团体里面获得发展。从家庭推而广之，统一我们的全部意识活动，并且可以当做一个人格的表现来看的便是国家。关于国家的目的，其说不一。有人把国家的本体放在主权的威力上，认为其目的只是为了对外防御敌人和对内保护国民的生命财产（叔本华、泰恩[②]、霍布士等属于这派）。又有人把国家的本体放在个人上，认为其目的只是为了调整个人的人格的发展（这是卢梭[③]等人的学说）。然而国

① 奥托·魏宁格尔（Otto Weininger，1880—1903），奥地利的思想家。——译者

② 泰恩（Hippolyte Adolphe Taine，1828—1893），法国资产阶级文学家、艺术家、哲学家。实证主义的继承者。——译者

③ 卢梭（J. J. Rousseau，1712—1778），杰出的法国启蒙运动者、民主主义者和思想家。——译者

家的真正目的并不是第一种论点所说的那种物质的或消极的东西,也不是像第二种论点所说的那样个人的人格是国家的基础。相反,我们个人是作为一个社会的细胞发展起来的。国家的本体乃是作为我们精神的根基的共同意识的表现。我们可以在国家里面获得人格的巨大发展。国家是一个统一的人格,而国家的制度、法律就是这种共同意识的意志的表现(古代的柏拉图、亚里士多德和近代的黑格尔都主张这种学说)。我们所以为国家的效力就是为了争取伟大人格的发展与完成。至于国家惩罚人,则不是为了报复,也不是为了社会安宁,而是因为人格有着不可侵犯的尊严。

在今天,国家虽然是统一的共同意识的最伟大的表现,但我们的人格的表现却不能停留在这里,它还有更大的要求。那就是把全人类结成一体的人类社会的团结。这种理想已经出现在圣保罗的基督教和斯多葛派的学说中。但是,这种理想是不容易实现的。直到今天还是武装的和平的时代。

试远从历史的黎明期开始追溯人类发展的足迹,就可以看出所谓国家并不是人类的最终目的。人类的发展具有一贯的意义和目的,国家似乎是为了满足其一部分的使命而兴亡盛衰的(世界史就是黑格尔所说的世界精神的发展)。但是真正的世界主义并不是说各个国家都没有了,而意味着各个国家越来越强盛,分别发挥其特征,以贡献于世界的历史。

第十三章　完整的善行

一言以蔽之，所谓善就是人格的实现。如果从它的内部来看，就是真挚的要求的满足、即意识的统一，而最后必须达到自他相忘、主客相没的境地。如果从表现在外面的事实来看，则小自个性的发展开始，进而至于人类一般的统一的发展，终于达到其顶峰。由于有这两种见解，便有必要来说明一个更加重要的问题：在内部导致巨大满足的东西是否一定在事实上也是可称为大的善呢？也就是说对于善的两种解释是否经常一致呢？

首先从前面叙述过的实在论来推论，可以断言，这两种见解是绝对不会相互矛盾冲突的。现象本来就没有内外之分。所谓主观的意识或客观的实在只是从不同的方面去观察的同一现象，因此具体地说，只有一个事实。正如我们所一再指出，既可以说世界是通过自我的意识统一而成立的，也可以说自我是实在的某种特殊的小体系。如同佛教的根本思想一样，自我和宇宙有着同一根基，不，简直就是同一事物。因此在我们自己的内心里，在知识上作为无限的真理、在感情上作为无限的美、在意志上作为无限的善，都能感到实在的无限的意义。我们认识实在，并不是认识自我以外的东西，而是认识自我本身。实在的真善美必须就是自我的真善美。如果是这样，也许会产生这种疑问：在这个世界上为什么会有伪丑恶呢？我们如果深思一下，就可以看到，世界上既没有绝对的真善美，也没有绝对的伪丑恶。伪丑恶始终表现在抽象地看事物的一面而不知其全貌，从而偏于一方，而与整体的统一相背驰（如在实在编第五章中所指出的，从一方面看来，伪丑恶是实在的成立所不可缺少的，是从所谓对立的原理产生的）。

> 根据奥古斯丁的说法，世界上原来没有恶，神所创造的自然都是善，只有缺乏本质才是恶。他又说，神像美丽的诗篇一样，用对立装饰了世界；就像阴影可以增加绘画的美一样，在达观的时候，就可以感到世界带有罪恶，倒是美的。

今试设想善的事实和善的要求相冲突的场合，就可以看出两种情况。一种是某一行为在事实上是善，其动机却不是善；另一种则动机虽然是善，而事实却不是善。先就第一种情况来看，如果内在的动机是私利私欲的话，即使外面的事实符合善的目的，大约也绝不能说它是以实现人格为目的的善行。我们有时候也会赞美这种行为，但这绝不是从道德观点出发，而只是从功利观点出发的。如果从道德观点来看，这种行为却比那种尽管是愚蠢的，但却尽到自己的至诚的行为更为低劣。也许有人说，即使不是从纯粹的善的动机出发，只要是有利于多数人的行为，也要比一个人洁身自好的善行为好。但是所谓有利于人的说法有各种不同的意义。如果说只是提供物质上的利益，则如将这种利益用在好的目的上便成为善，用在坏的目的上却反而会助长恶。另一方面，如果从有利于所谓世道人心，即真正在道德上有所裨益的意义来看，这种行为如果不是内在的真正的善行，那就不过是促进善行的手段，而不是善行本身；即使真正的善行本身再小，它也不能与之相提并论。以下

谈谈第二种情况。也有这样的事情：即纵然动机是好的，而在事实上却不一定能称之为善的。人们常说个人的至诚往往与人类一般的最高的善有矛盾。但是我认为这样说的人对至诚这个名词的理解是不正确的。如果真把至诚这个名词用在整个精神的最深的要求这种意义上的话，我认为这些人所说的几乎就不是事实。我们的真挚要求并不是我们做作出来的，而是自然的事实。正如真和美在人心的深处含有一般性的因素一样，善也含有一般性的因素。又如对世道人心深感厌烦以后的浮士德[①]深夜在野外散步，并寂寞凄凉地回到书斋时那样，人们在夜深人静、心平气和的时候，这种感情便会自发地活动起来[②]。我认为如果有人和我们的意识根基完全不同，那就另当别论，但只要他们多少还具备着一切人所共有的理性，那么他们的想法和欲望就一定会和我们的相同。当然，人类最大的要求有时也许会停留在可能性上，而不成为现实来进行活动。不过这时候并不是没有要求，而是要求受到了蒙蔽，以致自己不知道真正的自我。

根据上述理由，我认为我们的最深远的要求和最大的目的自然是一致的。我们在内心锻炼自己，达到自我的实体，同时在外部又产生对人类集体的爱，以符合最高的善的目的；这就叫做完全的真正的善行。这种完全的善行，一方面看来似乎是非常艰巨的，但从另一方面来看，又是任何人都应该能够做到的。道德不能求诸

---

① 浮士德(Faust)，十六世纪德国的传说性人物，是歌德《浮士德》一书中的主人翁。——译者

② 歌德：《浮士德》，第一部，“书斋”(Goethe，Faust，Erster Teil，Studierzimmer)。

自己之外，只可以在自己内部去找。世人往往把善的本质与其外貌相混淆，因而认为如果不是什么世界规模的人类事业，便算不了最大的善。但是事业的种类是根据那个人的能力和境遇而定的，不是谁都能够做同样的事业。然而不管事业如何不同，我们却可以用同样的精神去工作。无论多么小的事业，如果这个人能够始终以对人类集体的爱情去工作，就应该说他是正在实现伟大的人类人格的人。拉斐尔[①]的高尚优美的性格也许可以从圣母画像上得到最适宜的实现的材料，其实不仅圣母画像，就是所有拉斐尔创作的画都能显示出他的性格。即使拉斐尔与米开朗琪罗[②]选择了同一画题，但还是拉斐尔显示拉斐尔的性格，米开朗琪罗显示米盖兰杰罗的性格。美术与道德的本体在于精神，而不存在于外界的事物。

最后再说几句。虽然从学术上来解释善，可以有许多种说法，但实际上真正的善只有一个，就是认识真正的自我。我们的真正的自我是宇宙的本体，如能认识真正的自我，那就不但符合人类一般的善，而且会与宇宙的本体融合并与神意暗相符合。实际上这就是宗教和道德的真意。而真正的认识自我以及符合神意的方法只在于自己体会主客合一这种力量。并且要体会这种力量，就必须根除我们的这个伪我，一度抛开这个世界上的欲望死去而后复生（如同穆罕默德所说的那样，天国存在于宝剑的影子里）。要能

① 拉斐尔（Raphaei Santi，1483—1520），意大利文艺复兴时期的画家。——译者

② 米开朗琪罗（Michelangelo Buonarroti，1475—1564），意大利雕刻家、画家、建筑家兼诗人。——译者

够这样，才能真正达到主客合一的境地。这就是宗教、道德和美术的最高境界。这在基督教里叫做“再生”，在佛教里叫做“见性”。据说从前罗马教皇贝纳蒂克图斯十一世叫乔托[①]画一张足以显示画家才能的作品给他看，而乔多只给他画了一个圆圈。我们必须在道德上获得乔多的这个圆圈。

① 乔托(Giotto di Bondone，1266—1337)，意大利画家。——译者

第 四 编

宗　　教

第一章　宗教的要求

宗教的要求就是对自我的要求，也就是关于自我的生命的要求。我们一方面知道自我是相对有限的，同时又想同绝对无限的力量结合，以求由此获得永远的真正生命，这就是宗教的要求。正如圣保罗所说的，"现在活着的，不再是我，而是基督在我里面活着"那样，要把一切肉体生命都钉在十字架上，只希望依靠神来活下去的那种感情。真正的宗教是为了寻求自我的转变和生命的革新。基督手执十字架说，"不与我一伙的，就是敌我的"①，可见一个人只要还有一点点相信自己的念头时，就不能说他抱有真正的宗教心。

为了今世的利益而向神祈祷的固不待说，就是专以来生为目的而念佛的也不是真正的宗教心。因此《叹异钞》②里也写道："在自己的心里一心祈求往生的念佛，只是为己的修行。"基督教也认为那种只求神助，惧怕神罚的不是真正的基督教。这些都不过是利己心的变形而已。不但如此，现在有许多人说宗教的目的是求自己安心，我想这种说法恐怕也是错误的。正因为有这种想法，所以进取活动的气象就为之削弱，竟至认为过寡欲无忧的消极生活

① 《新约全书》"路加福音"，第 11 章，第 23、24 节。——译者

② 《叹异钞》是记述日本佛教的真宗派祖师亲鸾的谈话录。——译者

才是获得宗教的真意。我们不是为了自己的安心而寻求宗教的，安心不过是由宗教产生出来的结果。宗教的要求是我们欲罢不能的巨大的生命的要求，是严肃的意志的要求。宗教是人生的目的本身，绝不应该把它当做别的手段。

如果按照意志主义心理学家的说法，意志是精神的根本作用、一切精神现象都成为意志的形态的话，我们的精神就是欲望的体系，作为这个体系中心的最有力的欲望便是我们自己。而且通过这个中心对一切进行统一，即维持和发展自己，就是我们的精神的生命。在这种统一活动还在进行的期间我们是活着的，但在这种统一一旦遭到破坏时，即使肉体还活着，精神也如同死亡了。那么，我们果真能够以个人的欲望为中心而对一切进行统一吗？即个人的生命果真能够无止境地维持发展下去吗？世界不是为个人创造的，个人的欲望也并非人生最大的欲望。个人的生命一定会在外界同世界相冲突，在内部自己陷于矛盾。因此我们就必须要寻求更大的生命，即必须根据意识中心的变迁而寻求更大的统一。这种要求在一切我们的共同精神发生时也可以见到，但唯有宗教的要求是这样要求的极点。当我们企图对着客观世界树立主观的自我，并通过它来统一前者的时候，不管主观的自我有多么大，它的统一仍然不免是相对的。只有完全抛弃主观的统一，使它与客观的统一相一致，才能获得绝对的统一。

本来，所谓意识的统一是意识成立的重要条件及其根本要求。没有统一的意识，就等于没有意识。意识能够通过内容的对立而成立，其内容越是繁杂，一方面就更加要求大的统一。这种统一的极点就是我们所谓客观的实在，这种统一在主客合一的时候就达到顶峰。所谓客观的实在也不是离开主观意识而另外存在的，而是指意识统一的结果，想怀疑也无法怀疑，想寻求也再无法寻求的东西。并且，这种意识统一的顶点、即所谓主客合一的状态，不仅是意识的根本要求，实际上又是意识的本来状态。正如孔狄亚克[①]所说的那样，我们最初看见光的时候，与其说是看它，毋宁说我就是光本身。对婴儿来说，一切最初的感觉必然就是宇宙本身。在这种境界里面，主客还没有分离，而是物我一体，只有一个事实。由于我和物成为一体，就再没有必须寻求的真理和非满足不可的欲望，所谓人和神共在，所谓伊甸乐园大约就是指这种境界而言。然而随着意识的分化发展，主客相互对立、物我也相背驰，于是人生就发生欲求和苦恼，人离开了神，乐园的门便永远对亚当的子孙们封锁起来了。但是不管意识如何分化发展，终究不能离开主客合一的统一，而我们是一直在知识上和意志上寻求着这种统一的。意识的分化发展是统一的另一面，仍然是意识成立的重要条件。意识的分化发展反而要求更大的统一。应该说这种统一其实就是意识的开始，也是意识的终结。宗教的要求就是在这个意义上的意识统一的要求，同时又是同宇宙相合一的要求。

由此可见，宗教的要求是人心的最深最大的要求。我们具有各种肉体上的要求和精神上的要求。但这些都只是自我的局部要求，唯有宗教才是自我本身的解决。我们在知识上和意志上寻求意识的统一与主客的合一，但是这仍不过是半面的统一，而宗教则是寻求在这些统一背后的最深刻的统一，寻求知意未分以前的统

① 孔狄亚克(Etienne Bonnot de Condillac，1715—1780)，法国哲学家。——译者

一。我们的一切要求都是从宗教的要求分化出来的，因而也可以说是它的发展结果的归宿。当人们知识未开的时候，人们都是信仰宗教的，一俟达到学问道德的顶点，又要归依宗教。社会上往往有人问为什么宗教是必要的。这个问题同为什么需要活着的问题是一样的。宗教不是离开自己的生命而存在的，它的要求就是生命本身的要求，因此提出这样的问题就是表示不认真对待自己的生活。想认真地思考和认真地生活的人，一定不能不感到热烈的宗教要求的。

第二章　宗教的本质

宗教是神与人的关系。人们可能对神有各种看法，但我认为把它看做宇宙的根本是最恰当的，而所谓人就是指我们的个人的意识。由于对这二者的关系的看法就创立了各种宗教。那么究竟什么样的关系才是真正的宗教关系呢？如果有人说神与我在根基上有本质的不同，而神只是超过人类的伟大力量的话，我们就丝毫不能从它那里发现宗教的动机。也许有人因为害怕神而服从它的命令，也许有人为求福而媚神。这些行为都不过是从利己心产生的。本质不同的事物的相互关系，除了利己心之外是不能成立的。史密斯[①]也曾说过，宗教并不是因为害怕不可知的力量而发生的，而是由于敬爱与自己有血统关系的神而发生的；并且宗教不是个人对于超自然力的随心所欲的关系，而是每一个社会的成员同维持那个社会的安宁秩序的力量之间的共同关系。在一切宗教的根本上必须有神人性质相同的关系，即必须有父子的关系。但是单纯地把神和人的利害等同起来，说神能援助我们和保护我们，那还不是真正的宗教。神是宇宙的根本，同时又必须是我们人类的根本，我们皈依于神就是皈依于我们的根本。并且神是万物的目的，即必须又是人的

① 史密斯（Robertson Smith，1846—1894），苏格兰神学家。——译者

目的，人从各种神那里发现自己真正的目的。如同手足是人的东西那样，人就是神的东西。所以我们皈依于神，虽然从一方面看来似乎是丧失了自己，但从另一方面看来却是得到自己。耶稣说，凡是要拯救自己的生命的人，一定会丧失生命；凡是为我和福音丧失生命的人，生命一定能够得救。[①] 这是宗教的最纯真的东西。真正的宗教中的神人关系必须是这样的。我们祈祷神并感谢神，并不是为了自己的存在，而是祈祷自己能够皈依到作为自己本来家乡的神去，同时又对自己的皈依于神表示感谢。并且所谓神爱人也不是要赐给人今世的幸福，而是使人皈依自己。神是生命的源泉，我只是因神而生。正是相信这个道理，宗教才充满生命和产生真正的虔诚的信念。只说断念或听任，也还没有超脱自己的气味，还不能说是真正的虔诚信念。“从神那里发现真正的自我”这句话也许会被认为是看重了自己，但恰恰相反，这正是真正舍己崇神之道。

所谓神人性质相同和人皈其本于神，这是一切宗教的根本思想。只有基于这种思想的，我认为，才能称为真正的宗教。但是即使在这种思想的基础上，也能在神人的关系上产生各种不同的看法。有人认为神是超越宇宙之外的，从外部来支配世界，因而对人也是从外部来进行活动的；也有人认为神是内在的，人是神的一部分，因而神是从内面来对人进行活动的。前者是所谓有神论(theism)的看法，后者是所谓泛神论(pantheism)的看法。泛神论的那种看法也许是合理的，但有许多宗教家反对。他们认为把神与自然等同相视是抹煞神的人格性，又将万物看做神的变形，则不

---

① 参看《新约全书》“马可福音”，第8章，第35节。——译者

仅丧失神的超越性和损伤它的尊严，而且会产生万恶之源也应该归之于神这种错误的结论。但如仔细加以思考，就会知道，并不能说泛神论的思想一定有这些缺点，也不能说有神论一定没有这些缺点。即使把神与实在的实体等同相视，但如认为实在的根本是精神性的，那就未必会丧失神的人格性。而且任何泛神论也不认为每个事物本身全都就是神。斯宾诺莎哲学上也说万物是神的“众相”（modes）。并且在有神论中，神的全知全能与这个世界上的恶的存在也不能轻易调和。这个问题在中世纪哲学上确实是使许多人感到头痛的。

所谓有超越一切的神和神能从外部来支配世界这种看法不仅与我们的理性相矛盾，而且从这种看法产生的宗教并不能说是最深刻的宗教。我们能够作为神意来认识的事物，只有自然的法则，此外并没有可以叫做“神的启示”那样的东西。当然神是莫测的，我们所认识的恐怕只是它的一部分。不过，即使另外有所谓神的启示，我们也不能认识它，并且如有与此相反的神的启示，那反而表示出神的矛盾。我们信仰耶稣的神性，是因为他的一生包含着最深刻的人生真理的缘故。我们的所谓神，必须是天地由之而定位，万物由之而生育的这种宇宙的内在统一力。此外就再没有可以称之为神的了。如果说神是人格性的，就必须是意味着在这种实在的根本上直接认识到它的人格的意义。至于此所谓超自然的等等说法，不是根据历史上的传说，就只是自己的主观空想。又我们只有在这个自然的根基里和自己的根基里直接看到神，才能感到神的无限的温暖，才能够达到我因神而生的这种宗教的真谛。也只有从这里才能产生真正敬爱神的心情。所谓“爱”是两个人格

合而为一之谓；所谓“敬”是部分的人格对全人格发生的感情。在敬爱的根基里必须有人格的统一。因此敬爱的心情不仅发生于人与人之间，而且也出现于自己的意识之内。正如我们昨天和今天的不同意识具有同一意识中心，所以才充满着自敬自爱的心情，同样地我们敬神爱神也必须是因为与神有同一的根基的缘故。也就是必须因为我们的精神是神的意识的一部分的缘故。当然神与人有同一精神的根基，也正如有同一思想的两个人的精神是相互独立的那样，可以认为神与人是相互独立的。可是这是从肉体方面来看，在时间及空间上对精神加以区别的。从精神方面来看，则具有同一根基的东西便是同一的精神。正如我们每日变化的意识因有同一的统一而能显示同一的精神一样，我们的精神也必须与神同为一体。这样，所谓“我因神而生”的说法才不仅是比喻，又会是事实了（威斯德克德主教也在给“约翰福音”第十七章，第二十一节[①]所作的注解中说，所谓信者的一致，不只是目的感情等道义上的合一〔moral unity〕，而是生命的合一〔vital unity〕）。

这样，最深刻的宗教就能够成立在神人一体上，而宗教的真意即在于获得这个神人合一的意义。也就是我们要在意识的根基里体验到破除自我意识而活动的堂堂的宇宙精神。所谓信念不是能够通过传说和理论从外部获得的，而是应该从内部磨炼出来的。像柏姆所说的那样，我们通过最深厚的“内生”（die innerste Geburt）而达到神。我们在这个内在的再生上直接看到神和信仰

① 该节原文是：“使他们都合而为一；正如你父在我里面，我在你里面，使他们也在我们里面；叫世人可以信你差了我来。”——译者

神，同时在这里发现自己的真生命和感到无限的力量。所谓信念并不是单纯的知识，而是在这种意义上的直观，同时又是活力。在我们所有的精神活动的根基里有一个统一力在进行活动，这就叫做我们的自我，又叫做“人格”。不仅是欲望，就是知识这种最富于客观性的东西也无不带有这种统一力，即无不带有各人的人格色彩。知识也好，欲望也好，都是通过这个力量而成立的。所谓信念就是这种超越知识的统一力。因此与其说信念是由知识和意志支撑的，倒也不如说知识和意志是由信念支撑的。信念在这种意义上是神秘的。可是我们说信念是神秘的，并不是与知识相反的意思，如果信念与知识相冲突，就不能以之作为生命的根本了。当我们竭尽知意以后，便从内心得到欲不信而不可能不信的信念。

第三章　神

所谓“神”是指这个宇宙的根本而言。如上所述，我不把神看做是超越宇宙之外的造物者，而直接认为是这个实在的根基。神与宇宙的关系不是艺术家与其作品那样的关系，而是实体与现象的关系。宇宙不是神的创造物，而是神的“表现”(manifestation)。外自日月星辰的运行，内至人心的微妙动静，无一不是神的表现，我们在这些事物的根基里能够一一感受神的灵光。

正如牛顿和开普勒[①]由于看到天体运行的井井有条而激起虔诚的心情，我们对于自然现象研究越深，就越能够认识在它的背后有一个统一力在进行支配。所谓科学的进步无非就是指这种知识的统一而言。这样如同外面承认在自然的根基里有一个统一力的支配一样，内面必须承认在人心的根基里也有一个统一力的支配。人心虽然千变万化，几乎好像是不定的，但是当对它加以全般观察时，则无论东西古今，似乎都有一种伟大的统一力在支配着。更进一步想时，自然与精神不是完全无关的，彼此有着密切的联系。于是，我们不能不考虑这两者的统一，即在这两者的根基里必须有更大的唯一的统一力。无论哲学或科学都没有不承认这个统一的。

① 开普勒(J. Kepler，1571—1630)，德国杰出的天文学家、物理学家。——译者

并且这个统一就是神。当然,如果像唯物主义者和一般科学家那样认为物体是唯一的实在,万物只是服从物力的规律的东西,那就不能设想神这种东西了。但是实在的真相果真是这样的吗?

如我在前面论述"实在"时所指出的,即使说是物体,也不是说能够离开我们的意识现象而另外认识独立的实在。我们得到的直接经验的事实只有这个意识现象。无论空间、时间和物力,都不过是为了统一说明这个事实而设立的概念。像物理学家所说的那种一切除去我们的个性的所谓纯物质都是离具体事实最远的抽象概念。越是接近具体的事实,就越成为个性的。最具体的事实就最是个性的。因此,原始的说明,像神话那样总是拟人性的,但是随着纯知识的进步就越来越成为一般性的和抽象性的,最后便产生纯物质这样的概念。但是这样的说明是极为表面的,而且是肤浅的,同时不要忘记,在这种说明的背后也潜藏着我们的主观的统一。最根本性的说明一定要回到自我身上。说明宇宙的诀窍就在于这个自我。想通过物体来说明精神,这应该说是本末倒置的。

牛顿和开普勒看到自然现象而感到井井有条的,其实不过是我们的意识现象井井有条而已。意识都是由于统一而成立的。并且这个所谓统一,小则始于每个人每天的意识间的统一,大则达到把全人类的意识结合起来的宇宙的意识统一(把意识统一局限于个人的意识之内,只是加在纯粹经验上的独断而已)。所谓自然界就是通过这种超个人的统一而形成的一个意识的体系。我们通过个人的主观来统一自己的经验,再通过超个人的主观来统一每个人的经验,自然界即作为这个超个人的主观的对象而产生。罗依士[1]也说过，自然的存在是与我们相信人类同胞的存在这种信仰相结合的。[2] 因此所谓自然界的统一毕竟只是意识统一的一种。本来并不存在精神与自然两种实在，这两者的区别只是从对同一实在的看法不同产生的。在直接经验的事实上没有主客的对立，也没有精神与物体的区别，物即心、心即物，只有一个现实。只有当这种实在的体系发生冲突时，即从另一方面来看，只有在它的发展时才能出现主客的对立。换句话说，就是在知觉的连续上并无主客之别，只是通过反省才发生这个对立。在实在体系发生冲突时，它的统一作用的方面被认为是精神，把精神作为对象而与它对抗的方面就被认为是自然。但是所谓客观的自然，实际上也不能离开主观的统一而存在；说是主观的统一，也不会有统一的对象或无内容的统一。两者都是同一种的实在，只是统一的形式不同而已。而且，偏于任何一方的就是抽象的和不完全的实在。这种实在在两者合一的时候才成为完全的具体的实在。所谓精神与自然的统一，不是把两种体系统一起来，而是指它们本来处于同一的统一之下。

既然在实在里面没有精神与自然的区别，因而就不会有两种统一，而只是由于对同一直接经验的事实本身的看法不同才产生种种差别，那么我在上面所说的作为实在的根基的神就必须是这个直接经验的事实，即我们的意识现象的根基了。但是，我们的一切意识现象都是形成体系的。即使是由于超个人的统一而形成的

① 罗依士(Josiah Royce,1855—1916)，美国唯心主义哲学家。——译者

② 罗依士：《世界与个人》(*The World and the Individual*)，第二卷，第四讲。

所谓自然现象,也不能离开这种形式。所谓某种统一的东西的自我发展是一切实在的形式,所谓神就是这种实在的统一者。宇宙与神的关系就是我们的意识现象与其统一的关系。正如无论在思维方面或意志方面,意象总是通过一个目的观念而得到统一的,从而一切都可以看做是这个统一的观念的表现,同样地神就是宇宙的统一者,而宇宙是神的表现。这种比较不仅是比喻,而是事实。神是我们的意识的最大和最终的统一者,不,应该说我们的意识是神的意识的一部分,其统一是由神的统一而来的。小自我们的一喜一忧,大至日月星辰的运行,无不由此统一而生。牛顿和开普勒也是受到了这个伟大的宇宙意识的统一的感召的。

那么,在上述意义上作为宇宙的统一者和实在的根基的神究竟是什么东西呢?支配精神的只能是精神的规律。所谓物质,则如上所述,不过是为了说明而设的最肤浅的抽象性概念而已。精神现象就是所谓知情意的作用,因而支配它的也只能是知情意的规律。然而精神不只是这些作用的集合,在它的背后有一个统一力,而这些现象都是它的表现。如果现在把这个统一力名之为“人格”,那就应该说神是作为宇宙的根基的一个大人格。从自然的现象到人类的历史发展,一切事物无不一个个具有大的思想和大的意志的形式,因此可以说宇宙是神的人格的表现。但是尽管这样说,我却不同意某一派人这样的看法,即认为神是超越宇宙之外,离开宇宙的运行,而像另外具有特殊思想和意志的我们的主观精神那样的东西。在神的方面,知即行、行即知,实在必须直接就是神的思想，又是神的意志。[①] 我们的主观思维和意志是由于各种体系的冲突而产生的不完全的抽象的实在，因此不能直接用这样的东西来比拟神。有一个名叫依林沃思（Illingworth）的人，在他的《人和神的人格》一书中提出自觉、意志的自由及爱三者作为人格的因素。但是我们在把这三者当作人格的因素以前，必须先把它们的作用实际上意味着什么弄清楚。所谓自觉，是部分的意识体系在全意识的中心里被统一时附带产生的现象。自觉是通过反省发生的，而所谓自我的反省则是寻求这种意识的中心的作用。所谓自我不外是意识的统一作用，这个统一如有改变，自我也要改变；而另外所谓自我的实体就不过是空名。我们在内心反省，似乎能够得到一种特别的自我的意识，但这只是心理学家所说的那种附随这个统一的感情而已。不是有了这种意识才进行这个统一，而是有了这个统一才产生这种意识。这个统一本身不能成为知识的对象，我们虽然能成为这种统一而进行活动，但并不能认识它。真正的自觉反而是在意志活动上，而不是在知的反省上。如果谈到神的人格上的自觉，那么这个宇宙现象的统一就必须一一都是神的人格上的自觉。例如任何人在任何时代都认为三角形的各角的总和是两个直角，这也是神的自觉之一。那么一切支配我们的精神的宇宙统一的信念都可以认为是神的自我同一的意识了。万物都是通过神的统一而成立的，在神的方面一切都是现实，神经常是能动的。神既无过去，也没有未来，时间和空间是由于宇宙的意识统一而产生的，在神来说，一切都是现在。正如奥古斯丁所指

① 参看斯宾诺莎：《伦理学》（*Ethica*）第一部分。

出，时间是神造的，神因为超越时间所以存在于永远的现在。因此神没有反省，没有记忆，没有希望，从而也没有特别的自我的意识。因为一切都是自我，自我之外没有他物，所以也就没有自己的意识。

其次，所谓意志的自由也有种种意义，但所谓真正的自由必须是指从自己的内在性质进行活动的所谓必然的自由。所谓完全没有原因的意志，不仅是不合理的，恐怕这在自己来说也完全是偶然的事件，而不会被感到是自己的自由行为的。因为神是万物的根本，神外无物，万物都是从神的内在性质产生的，所以神就是自由。在这个意义上，神确实是绝对的自由。这样说来，神似乎是被束缚于自己的性质而丧失了全能了，但是违反自己的性质的活动只能表示自己的性质不完全或有矛盾。我认为神的完整和全知与其不确定的自由意志是不能并存的。奥古斯丁也曾说过，神的意志是不变的，它不会时而愿意时而不愿意，更不会事后推翻以前的决断。[①] 所谓选择的意志倒是同我们的不完全的意识状态并存的，因而不能用它来比拟神的。例如对于我们充分熟练的事情就丝毫没有施行选择的意志的余地，即选择的意志是怀疑、矛盾、冲突的场合所必要的。当然像大家所说的那样，在所谓"知"的里面已经包含着自由，知即意味着可能。但是这个可能未必一定是不确定的可能的意思。所谓知不应只限于反省的情况，直觉也是知。而且直觉才是真正的知。知越是完全，就越没有不确定的可能。这样神就没有不确定的意志，亦即没有随心所欲这样的事，因而所谓

① 《忏悔录》(*Conffessions*)，第12卷，第15节。

神的爱也不是指神爱护某些人和憎恶另外一些人，或者使某些人繁荣和另外一些人衰亡这样的偏颇的爱。神作为一切实在的根基，它的爱必须是平等普遍的，而且对于我们来说，它的自我发展本身，必须就是无限的爱。因而在万物自然的发展之外，就没有特别的神的爱。爱本来是要求统一的情感，自我统一的要求就是自爱，自他统一的要求就是他爱。神的统一作用直接就是万物的统一作用，因此，正如埃克哈特[①]所说，神的他爱必须就是它的自爱。神像我们爱惜自己的手足那样，爱惜万物。埃克哈特还说，神对人的爱不是随心所欲的行动，而是非此不可的行动。

如上所述，即令说神是人格性的，也不能直接将它与我们的主观精神等同相视，反而必须把它比做主客不分和没有物我之别的纯粹经验状态。这个状态实际上是我们的精神的开始又是终结，同时又是实在的真相。耶稣说，心清者见神，又说要像婴儿那样纯洁才能升天堂，即到了那时，我们的心才是最接近于神的。所谓纯粹经验也不只是指知觉的意识。在反省的意识后面也有统一，而反省的意识就是通过统一而成立的，可见这也是一种纯粹经验。在我们的意识的根基里，任何场合都有纯粹经验的统一，我们不能跳出这个范围以外。[②] 在这个意义上，神可以看做是宇宙的根基里的一个大的知的直观，也可以看做是包括宇宙的纯粹经验的统一者。这样我们就可以理解奥古斯丁所说的神以不变的直观来直

① 埃克哈特（Eckehart，1260 前后—1327），德国神秘主义哲学家。——译者

② 参看本书第一编。

观万物，和神是静中有动、动中有静的论点。[①] 同时又可以窥知爱克哈尔德的“神性”（Gottheit）及柏姆的“无物的肃静”（Stille ohne Wesen）这些话的意义了。一切意识的统一必须是超越变化之上而屹立不移的，而且变化是由此而起的，即是动而不动的。并且意识的统一不能成为知识的对象，它超越所有的范畴，我们不能为它规定任何固定的形式，而且万物都是通过它成立的。因此所谓神的精神，从一方面来看，确实是不可知的；但从另一方面来看，反而是与我们的精神密切相联系的。我们能够在这个意识统一的根基里直接与神的面目相接。因此柏姆也说到处都有天，你站的地方和去的地方都有天；又说通过最深的“内生”就能达到神（Morgenröte）。

也许有人会这样说，如果根据上面的论点，神和物的本质成为同一的，即使认为它是精神性的，也和理性或良心没有任何区别，这岂不是会丧失它的活的个性人格了吗？个性是只能通过不确定的自由意志产生的（这在中世纪哲学上曾经是斯可脱反对托马斯[②]的论点）。我们绝不能对这种神发生宗教的感情。在宗教上，犯罪不是只指破坏法律，而是指背叛人格，后悔不是单纯道德上的后悔，而是伤害父母、背弃恩人那种沉痛的后悔。阿斯金（Erskine of Linlathen）说，宗教与道德是根据是否承认良心的背后有人格来区别的。但如黑格尔等人所说的那样，所谓真正的个性不是离

① 斯托尔兹：《奥古斯丁的哲学》（Storz，Die Philosophie des HL. Augstinus），第20节。

② 托马斯·阿奎那（Thomas Aquinas，1225—1274），意大利神学家。——译者

开一般性而存在，而绝定了的一般性（bestimmte Allgemeinheit）就成为个性。一般性的东西是具体性的事物的精神。所谓个性并不是从外面把另外的什么东西加于一般性之上，而是从一般性发展出来的。在没有任何内在统一，只是各种性质的偶然结合的东西里是没有个性可言的。作为个人人格因素的所谓意志的自由就是一般性的东西规定自身（selfdetermination）的意思。如同三角形的概念能够分化为各种三角形那样，某个一般性的东西对其中包含的各种规定的可能进行自觉，就是自由的感觉。那么，通过完全没有基础的绝对的自由意志恐怕反而不会发生个人的自觉的。虽然也有“个性是没有道理可讲的”（ratio singularitatis frustra quaeritur）之说，但真正这样的个性一定和没有任何内容的无相同。只能说具体的个性是不能在抽象的概念上认识出来的而已。即使是不能表现于抽象的概念上的个性，在画家和小说家的笔下也能明显地表达出来。

所谓神是宇宙的统一，不只是抽象的概念的统一。神是像我们个人自己那样的具体的统一，也就是一个活的精神。正如我们的精神在上述意义上可以说是个性的，神也可以说是个性的。理性和良心虽然可能是神的统一作用的一部分，但不是它的活的精神本身。这种神性精神的存在，不单纯是哲学上的议论，而是实际上心灵经验的事实。在我们的意识深处，谁都有这种精神在进行活动（理性和良心就是它的声音）。只是因为受到我们的小我的妨碍，以致不能感知它而已。例如，诗人但尼生[1]有过这样的经验；

① 但尼生（A. Tennyson，1809—1892），英国诗人。——译者

当他安静地念着自己的名字的时候，自己个人便在自己个人意识的深处融化为无限的实在，而且意识绝不是朦胧的，而是最为明确的。他说，这时他感悟到所谓死是可笑的不可能的事，所谓个人的死是真正的生。据说从幼年起，他在寂寞独居时往往有此体会。又如文学家西蒙兹[①]也说，在我们的寻常意识逐渐稀薄的同时在它根基里的本来意识便逐渐加强，终于只剩下一个纯粹的绝对而抽象的自己。如果还要列举宗教方面的神秘家的经验，就更多了[②]。也许有人把这种现象都看成是病态的，但究竟是不是病态的，就要根据是不是合理的来加以确定。如果像我曾经论述过的那样，认为实在是精神性的，而我们的精神不过是它的一小部分，那么我们突破自己的小意识而感悟到一个大精神，是丝毫也不足怪的。固执我们的小意识的范围也许反而是迷误的。我认为伟人必须如上所述，比通常一般人有更深远的心灵的经验。

① 西蒙兹(J. A. Symonds，1840—1893)，英国诗人，文学史家。——译者

② 詹姆士：《宗教经验种种》(James，*The Varieties of Reilgious Experiences*)，第16、17讲。

第四章　神与世界

如果认为纯粹经验的事实是唯一的实在，并且神是它的统一的话，神的性质及其与世界的关系就都能通过我们的纯粹经验的统一，即意识统一的性质和它与其内容的关系来认识。首先，我们的意识统一是既看不到又听不到的，完全不能成为知识的对象。由于一切都通过意识统一而成立，所以它经常是超绝一切的。看到黑而呈现出黑来，并不是心变黑了；看到白而呈现出白来，也不是心变白了。佛教固然是这样的，就是在中世纪哲学中，狄奥尼修斯[①]派的所谓消极的神学，用否定的态度来论神，也反映了这种影像。库斯的尼古拉等也说，神超绝有无，既是有又是无。当我们深刻地对自己的意识深处进行反省的时候，就能够体会柏姆所说的神是"无物的肃静"、是"无底"（Ungrund）或"无对象的意志"（Wille ohne Gegenstand）这些话的深长意义，并且会被一种崇高而不可思议的感觉所打动。此外对于所谓神的永恒、普遍存在、全知全能这些说法也都应该用这个意识统一的性质来解释。因为时间、空间是通过意识统一而成立的，所以神是超绝时间、空间之上而永远

① 狄奥尼修斯（Dionysius，1402—1471），托马斯的研究者，兼治经院哲学和神秘学。——译者

不灭、无处不在的。又因一切都是通过意识统一而发生的，所以神是全知全能和无所不知、无所不能的，在神来说，知与能是同一的。

那么，上述的那种绝对无限的神同这个世界的关系是怎样的呢？离开了有的无就不是真正的无，离开了一切的一就不是真正的一，离开了差别的平等就不是真正的平等。没有神就没有世界，同样，没有世界也没有神。当然，这里所谓世界不是只指我们的这个世界。正如斯宾诺莎所说的那样，神的属性（attributes）是无限的，因此神必须包含着无限的世界。只是世界的表现必须属于神的本质，而绝不是它的偶然的作用。神不是一度创造了世界，而是世界的永恒的创造者（黑格尔）。总之，神与世界的关系是意识统一和它的内容的关系。意识内容是通过统一而成立的，离开意识内容便没有统一。至于意识内容和它的统一，不是有被统一的和进行统一的这两种东西，而只是同一实在的两个方面。一切意识现象在它的直接经验状态上只是一个活动，但是由于把它作为知识的对象来加以反省，它的内容便被分析为各种各样的，并且有了差别。如果从它的发展过程来说，则首先是它的整体作为一个活动冲动式地出现之后，由于矛盾冲突，它的内容便被反省和分析。在这里我不由得想起柏姆的话来。他说，也可以说是没有对象的意志那种发现以前的神，通过对自身的反省，即由于把自身当做镜子才分出主观与客观来，由此便发展出神及世界来。

本来，实在的分化及其统一只是一体，而不应视为二物。即一方面是统一，另一方面便意味着分化。以树为例，花像花的样子、叶像叶的样子，这才显示出树的本质。上述的区别只是我们思想上的事，而不是直接的事实上的事。歌德说，自然既没有核也没有壳，一切事物同时是核又是壳（Natur hat weder Kern noch Schale，alles ist sie mit einemmale）；正像这样，在具体的真实在，即直接经验的事实上，分化与统一只是一个活动。例如一幅画或一首歌，它们的一笔一调，没有不是直接表达全体的精神的，并且就画家和音乐家来说，本来是作为一个灵感的东西，却能立即洋溢而成为千变万化的山水或纡回曲折的音乐。在这种状态上，神就是世界，世界也就是神。像歌德在“大哉，以弗所[①]人的狄爱娜[②]”的诗中所说的，一味在脑海里思索抽象的神的人，倒还不如根本不理会保罗的说教而专心制造狄爱娜银龛的银匠，在某种意义上可以说反而接近真正的神。又像爱克哈尔德所说的那样，甚至神都没有的地方才能看到真正的神。在上述的状态下，天地仅有一指之隔、万物与我成为一体。但如上所述，一方面看来是由于实在体系的冲突，另一方面看来又是作为它的发展的必然过程，必然要发生实在体系的分裂，即必须发生所谓反省。通过这一过程，原来是现实的东西便成为观念性的，原来是具体的东西便成为抽象的，原来是一的便成为多。于是一方面有神，另一方面有世界，一方面有我，另一方面有物，这样便成为彼此相对、物物相悖的情况。所谓我们的祖先偷吃伊甸乐园的智慧树的果实而被赶出神的乐园的说法也将意味着这个真理。人类祖先的堕落，不仅仅是在亚当、夏娃的古代，而且时时刻刻在我们的心中进行着。但是反过来想，不论

① 以弗所（Ephesus），小亚细亚的古城市名，又相传是古代狄爱娜神殿所在地。——译者

② 狄爱娜（Diana）是古罗马女神，相当于希腊的阿泰密斯，被尊为狩猎的保护女神。——译者

分裂或反省，都不是另外存在这种作用，这都只是作为统一的一个方面的分化作用的发展而已。在分裂和反省的背后包含着更为深远的统一的可能性，反省是达到深刻的统一的途径（因此有“善人尚且往生，何况恶人乎”一语）。神在表现它的最深刻的统一的时候，首先必须大行分裂。从一方面看来，人类就是神的自觉。借基督教的传说来说，有了亚当的堕落，才有耶稣的救世，从而显示了无限的神爱。

那么，根据上述对世界与神的关系的看法，应该怎样来说明我们的个性呢？如果认为万物是神的表现，只有神才是真正实在的话，是不是就得认为我们的个性是虚伪的假象，像泡沫那样完全没有意义的呢？我想未必如此。当然所谓离开神而独立的个性将是不存在的，但是并不能因为这样，就把我们的个性看成是完全虚幻的，相反可以看成是神的发展的一部分即它的分化作用之一。正如每个人都带着神给他的使命而诞生一样，我们的个性也是神性的分化物，每个人的发展就是完成神的发展。在这个意义上，可以说我们的个性具有永久的生命，而且能够永远在发展（请参看罗依士的《灵魂不灭论》）。神同我们的个人意识之间的关系就是意识的整体和它的部分之间的关系。在一切精神现象上，各部分都处于整体的统一之下，同时又必须是独立的意识（在精神现象上，各部分都是目的本身〔end in itself〕）。我们说万物是唯一的神的表现，不一定要否定各个人的自觉的独立。例如我们每时每刻的意识既处于个人的统一之下，同时一般地各自又能够看做是独立的意识。依林沃思说，一个人格必然寻求其他的人格，在其他的人格

上自己能得到全人格的满足，也就是说，爱是人格的不可缺少的特征。[①] 承认他人的人格就是承认自己的人格。这种互相承认人格的关系就是爱，从一方面看来，就是两个人格的合一。由于爱，两个人格互相尊重、互相独立，同时又合一而形成一个人格。由此可见，因为神具有无限的爱，所以它可以说既包含一切人格，又承认一切人格的独立。

其次，对于认为万物是神的表现这种泛神论思想的责难，是怎样能够解释恶的根本的问题。根据我的看法，世界上本来没有可以绝对地叫做恶的东西，万物本来都是善，应该说实在就是善。宗教家虽然极力说肉欲之恶，但肉欲也不是绝对的恶，只有在妨碍精神的向上时才成为恶。又如进化论的伦理学家所说的，今天我们称之为罪恶的东西，在某个时代却是道德，即可以说是过去的道德的遗物，只是因为不适合于今天的时代才成为恶。因此不是物的本身本来就是恶的，恶是由于实在体系的矛盾冲突而发生的。那么这个冲突是从何而来的呢？这是由于实在的分化作用而发生的，是实在发展的一个重要条件。实在即由于矛盾冲突而发展的。就像墨菲斯特利斯自称是经常寻求恶、又经常创造善的力量的一部分那样，也可以说恶是构成宇宙的一个因素。诚然，恶不是促进宇宙统一进步的作用，因此当然不应该拿它本身做目的。但是，没有任何罪恶、没有任何不满的平稳无事的世界，应该说是极为平凡而且浅薄的世界。不认识罪恶的人就不能真正认识神的爱。没有不满、没有苦恼的人就不能了解深远的精神上的趣味。罪恶、不满

① 依林沃思：《人和神的人格》(Illingworth：*Personlity hunman and divine*)。

和苦恼都是促使我们人类精神上进的重要条件，因此在这些问题上，真正的宗教家看不到神的矛盾，反而感到深远的神的恩宠。世界不会因为有这些东西就变得那样残缺不全，反而因此变得丰富深远。如果从这个世界上把这些东西清除净尽，那么不仅会丧失精神向上的途径，而且不知道会有多少美好的精神事业也同时从这个世界上失掉。从整个宇宙来看，并且认为宇宙是由精神的意义建立起来的话，就不能因为这些东西的存在而发现任何残缺不全，反而能够知道它们的必要和不可缺少的道理。罪恶是令人憎恶的，但是世界上再没有比悔罪更美的了。我在这里不禁想起王尔德[①]在《狱中记》(*De profundis*)里所写的这段话来：耶稣把罪人看做最接近完全的人而加以爱护，把有风趣的盗贼变成乏味的正直的人，并不是他的目的。他使用世人未曾知道的方法使罪和苦恼变成美丽神圣的东西。当然罪人不得不悔改。不过这是他完成耶稣所做的事情。希腊人认为，人是不能改变自己的过去的，甚至有这种说法：神也不能改变过去。但是耶稣却使人看到最普通的罪人也能变好。当那个放荡公子跪倒哭泣的时候，耶稣一定会说，他使过去的罪恶与苦恼变成了一生中最美丽神圣的时刻。以上是王尔德的话。王尔德曾经是罪人，所以他能够很深地认识罪恶的本质。

① 王尔德(O. Wilde，1856—1900)，英国诗人，剧作家，著名唯美主义者。——译者

第五章　知与爱

这一篇并不是作为本书的续稿而写的。但是因为它和本书的思想有联系，所以附加于此。

人们一般认为知与爱是完全不同的精神作用。但是我认为这两种精神作用绝不是不相同的，而本来是同一的精神作用。那么这是什么样的精神作用呢？一言以蔽之，就是主客合一的作用，又是我物一致的作用。为什么知是主客合一呢？所谓我们认识物的真相，就是把自己的妄想臆断，即所谓主观的东西消磨净尽，而与物的真相一致，也就是同纯客观一致，这个时候才能很好地认识它。例如说月亮上有浅淡黑点的地方是兔子在那里捣米，或者说地震是地下的大鲶鱼在动，这都是主观的妄想。所以我们在天文学和地质学上完全抛弃这种主观的妄想，按照纯客观的自然规律进行研究，才能摸清这些现象的真相。我们越是客观，就越能很好地认识物的真相。几千年来科学进步的历史显示了我们人类抛弃主观、服从客观走过来的道路。以下再来谈谈为什么爱是主客合一的问题。所谓我们爱物，就是抛弃自我而与他物相一致的意思。只有自他合一，在这中间毫无间隙，才能发生真正的爱情。我们爱花就是自己与花一致。爱月就是与月一致。父母成为子女，子女成为父母，才能发生父母子女的爱情。由于父母成为子女，所以感觉到子女的利害，就像是自己的利害一样；由于子女成为父母，所以感觉到父母的一喜一忧，就像是自己的喜忧一样。我们越是抛弃自我的私，成为纯客观的，即成为无私，爱就越深越大，并能从父母子女夫妇的爱进展到朋友的爱，从朋友的爱进展到人类的爱。而佛陀的爱甚至普及于禽兽草木。

这样，知与爱就是同一的精神作用。因此，要认识物就必须爱物，爱物就必须认识物。数学家抛弃自我而爱数理，同数理本身打成一片，因而能够很好地阐明数理。美术家热爱自然，与自然打成一片，并将自己融化于自然之中，才能识破自然的真相。再从另一方面来看，因为我了解我的朋友，所以爱他。越是处境相同，思想兴趣相同，并且互相了解得越深，同情心就越是浓厚。但是正像爱是知的结果，知是爱的结果一样，如果把这两个作用分开来思考，就是还不懂得爱与知的真相。知即爱，爱即知。例如我们热衷于自己所喜爱的事物时，几乎是无意识的。这就是忘掉了自己，而只有超越自己的不可思议的力量在堂堂地进行活动。这个时候既无主，又无客，而是真正的主客合一。这个时候就是知即爱、爱即知。当自己的精神完全被数理的奥妙所夺而废寝忘食的时候，就是我知数理，同时又在爱它。此外如果我们对于他人的喜忧完全不分自他，把他人之所感作为自己的感觉，共欢笑、共悲泣，这个时候就是我在爱他人，并在了解他人。爱是对他人的感情进行直觉。在援救就要掉到水池里去的幼儿时，甚至来不及产生可爱的想法，就是很好的例证。

人们往往说爱是感情，应该同纯粹的知识相区别。但是事实上在精神现象之中，既没有纯粹的知识，也没有纯粹的感情。这种区别不过是心理学家为了学术研究上的方便而设立的抽象概念。

正如学理的研究必须通过一种感情来维持一样，爱他也必须以一种直觉为基础。根据我的看法，所谓普通的知就是对非人格的对象的知识；即使对象是有人格的，也是把它当做非人格的来看时的知识。与此相反，所谓爱是对有人格的对象的知识；即使对象是非人格的，也是把它当做有人格的来看时的知识。两者的差别不在于精神作用本身，倒可以说是在于对象的种类。正像古来许多学者和哲人所说的那样，如果宇宙实在的本体是有人格的，那么爱就是把握实在的本体的力量。就是对于物的最深的知识。通过分析推论的知识是物的表面的知识，并不能把握实在本身。我们只有通过爱才能得到最深的知识。爱是知的极点。

以上大致叙述了知与爱的关系，现在再把它和宗教结合起来谈谈。主观是自力，客观是他力。我们说知物和爱物就是舍弃自力和建立他力的信心之意。如果说人的一生的工作不外是知与爱的话，那么我们就是每天在他力的信心上进行活动的。学问也好，道德也好，都是佛陀的光明，宗教则是这个作用的极致。学问和道德是在各个不同的现象上蒙受这种他力的光明，而宗教则是在整个宇宙上与绝对无限的佛陀本身相接触。"我父啊，倘若可行，求您叫这个杯子离开我；然而不要照我的心意，只要照您的心意。"①"念佛真的是升入极乐净土之本呢，还是坠入地狱之门呢，这一切是不可知的。"这些话表达了宗教的最深远的意义。然而要想认识这个绝对无限的佛或神，只有爱它才能做到，爱它就是认识它。印度的吠陀教和新柏拉图学派以及佛教的圣道门讲"知"，基督教和

① 《新约全书》"马太福音"，第 26 章，第 39 节。"杯子"系指困难。——译者

净土宗讲“爱”或“依”。虽然各有其特色，但其本质是相同的。神是不能通过分析和推论来认识的。如果认为实在的本质是带有人格性的，那么神就是最富于人格性的。我们只有通过爱或信的直觉才能够认识神。所以如果有人说我不认识神，我只是爱神，或者说我信神，他就是最认识神的。

图书在版编目(CIP)数据

善的研究/(日)西田几多郎著;何倩译.—北京:商务印书馆,2017
(汉译世界学术名著丛书:120年纪念版:珍藏本)
ISBN 978-7-100-14896-2

Ⅰ.①善… Ⅱ.①西… ②何… Ⅲ.①现代哲学—日本 Ⅳ.①B313.5

中国版本图书馆CIP数据核字(2017)第159723号

汉译世界学术名著丛书
(120年纪念版·珍藏本)
善的研究
〔日〕西田几多郎 著
何倩 译

商 务 印 书 馆 出 版
(北京王府井大街36号 邮政编码100710)
商 务 印 书 馆 发 行
北 京 冠 中 印 刷 厂 印 刷
ISBN 978-7-100-14896-2

2017年12月第1版 开本710×1000 1/16
2017年12月北京第1次印刷 印张12
定价:60.00元